DÉPARTEMENT DE LA HAUTE-SAVOIE

# ORGANISATION PÉDAGOGIQUE

DES

## ÉCOLES PRIMAIRES PUBLIQUES

# EMPLOIS DU TEMPS

ET

## PROGRAMMES DÉVELOPPÉS

PRIX : 25 CENTIMES

ANNECY
RUE ROYALE, 9, IMPRIMERIE J. DÉPOLLIER ET Cie
1890

DÉPARTEMENT DE LA HAUTE-SAVOIE

# ORGANISATION PÉDAGOGIQUE

DES

# ÉCOLES PRIMAIRES PUBLIQUES

# EMPLOIS DU TEMPS

ET

# PROGRAMMES DÉVELOPPÉS

PRIX : 25 CENTIMES

ANNECY
RUE ROYALE, 9, IMPRIMERIE J. DÉPOLLIER ET Cie
1890

Annecy, le 1er septembre 1890.

Mesdames les Institutrices,

Messieurs les Instituteurs,

L'organisation pédagogique qui va entrer en vigueur à partir du 1er octobre prochain, est votre œuvre aussi bien que celle de l'Administration. Préparée par vos délégués dans les réunions de circonscriptions, elle a été élaborée par une Commission départementale où vous étiez représentés par vingt de vos collègues.

Le Conseil départemental de l'Instruction publique, dans sa séance du 17 juillet 1890, a bien voulu la revêtir de son approbation.

De son côté, M. le Recteur m'adressait le 9 août dernier les lignes suivantes, que je suis heureux de placer sous vos yeux : « Je tiens à vous prier de recevoir mes « félicitations et de féliciter en mon nom vos collabora-« teurs pour le dévouement et la compétence avec les-« quels vous avez si rapidement mené à terme une œu-« vre si délicate et si difficile. Je ne doute pas que le « personnel enseignant de la Haute-Savoie n'en tire « grand profit. »

Les programmes que vous trouverez ci-après représentent un *minimum* que *toutes* les écoles devront s'efforcer d'atteindre. Ce niveau pourra être dépassé dans certaines écoles; mais, pendant quelque temps encore, il devra être la règle commune.

Vous remarquerez que les emplois du temps ci-après sont destinés aux écoles à classe unique de garçons, de filles ou mixtes et qu'ils ne comprennent pas de cours supérieur.

Avec vos délégués, l'Administration a pensé que, pour les écoles à plusieurs classes, le soin d'établir l'*emploi du temps* devait être laissé aux Directeurs et aux Directrices, à la double condition que leur travail ne serait que le développement de l'*emploi du temps* modèle ci-joint, et qu'il recevrait l'approbation de l'Inspection. (1)

Quant au cours supérieur, il ne saurait trouver place dans l'immense majorité de nos écoles. Si vous voulez que, à leur sortie de classe, tous vos élèves obtiennent le certificat d'études, — sanction des études du cours moyen, -- il importe que vous ne sacrifiiez pas, au profit de quelques-uns, les divisions inférieures, l'avenir de votre école ; c'est dire que, dans le cours préparatoire et dans le cours élémentaire, les élèves devront parcourir les programmes tout entiers dans la mesure, bien entendu, que comporte leur âge.

Des efforts sérieux ont été faits depuis quelques années pour le relèvement de l'enseignement primaire dans le département de la Haute-Savoie. L'*Organisation pédagogique* que, dès la prochaine rentrée des classes, vous aurez pour devoir d'appliquer consciencieusement, nous permettra, je pense, de mener à bien l'œuvre confiée à notre dévouement commun.

Recevez, Mesdames les Institutrices, Messieurs les Instituteurs, l'assurance de ma considération distinguée,

*L'Inspecteur d'Académie,*
RIDOUX.

---

(1) Les emplois du temps pour les écoles à plusieurs classes devront être adressés à MM. les Inspecteurs primaires *avant le 15 octobre.*

# EMPLOIS DU TEMPS

## POUR LES ECOLES A CLASSE UNIQUE

**Avis important.**

L'emploi du temps sera affiché dans TOUTES les classes ; il sera établi sur feuilles de grandes dimensions, de façon qu'il puisse être facilement consulté par TOUS les élèves.

## Emploi du temps.

— GARÇONS. —

**Matin.**

| JOURS | 7 h. 30 à 8 h. | 8 h. à 8 h. 30. | 8 h. 30 à 9 h. | 9 h. à 9 h. 30. | 9 h. 30 à 9 h. 45 | 9 h. 45 à 10 h. 30 | 10 h. 30 à 11 h. |
|---|---|---|---|---|---|---|---|
| *Lundi* | Mise en rangs. -- Visite de propreté. — Entrée en classe en chantant. | RÉCITATION<br>M } Étude \| Récitation (M)<br>E }<br>P Récit^on (M) \| Étude (A) | ARITHMÉTIQUE<br>M Devoir<br>E Leçon (M)<br>P Lecture (M-A) | M Leçon (M)<br>E Devoir<br>P Calcul (M-A) | | HISTOIRE<br>M Leçon \| Devoir<br>E Exercice de français } Leçon (M)<br>P Lecture } | ÉCRITURE (M)<br>(Leçon commune) |
| *Mardi* | | Instruction civique<br>(Leçon commune) | SYSTÈME MÉTRIQUE ET GÉOMÉTRIE<br>M Devoir<br>E Leçon (M)<br>P Lecture (M-A) | M Leçon (M)<br>E Devoir<br>P Calcul (M-A) | | GÉOGRAPHIE<br>M Leçon \| Devoir<br>E } Écriture \| Leçon (M)<br>P } | DESSIN<br>P. Des. \| Lecture (M) |
| *Mercredi* | | Morale<br>(Leçon commune) | COMME LE LUNDI | | Récréation | HISTOIRE<br>M Leçon \| Devoir<br>E Cartograph. } Leçon (M)<br>P Lecture } | ÉCRITURE (M)<br>(Leçon commune) |
| *Vendredi* | | RÉCITATION<br>M } Étude \| Récitation (M)<br>E }<br>P Récit^on \| Étude (A) | COMME LE MARDI | | | GÉOGRAPHIE<br>M Leçon<br>E } Écriture \| Leçon (M)<br>P } | DESSIN<br>Comme le mardi. |
| *Samedi* | | Instruction civique<br>(Leçon commune) | COMME LE LUNDI | | | HISTOIRE<br>M Leçon \| Devoir<br>E Exercice de français } Leçon (M)<br>P Lecture } | ÉCRITURE (M)<br>(Leçon commune) |

**Soir.**

| JOURS | 12 h. 50 à 1 h. | 1 h. à 1 h. 30. | 1 h. 30 à 2 h. | 2 h. à 2 h 30. | 2 h. 30 à 2 h. 45 | 2 h. 45 à 3 h. 20 | 3 h. 20 à 4 h. |
|---|---|---|---|---|---|---|---|
| *Lundi* | Mise en rangs. — Visite de propreté. — Entrée en classe en chantant. | LECTURE<br>M) E) Lecture (M)<br>P Ecriture (A) | LANGUE FRANÇAISE<br>M Etude / Grammaire (M)<br>E) P) Leçon (M) / E) P) Exercice écrit de français | M Devoir<br>E Dictée (M)<br>P Lecture (M-A) | Récréation | LANGUE FR. (suite)<br>M Dictée (M)<br>E Devoir<br>P Calcul oral et écrit (A) | SCIENCES<br>M) E) Sciences physiq. Leçon (M) / Gymnastique<br>P Lecture (A) |
| *Mardi* | | Id. | COMME LE LUNDI | | | Id. | SCIENCES<br>M) E) Agriculture Leçon (M) / Devoir<br>P Lecture (A) / Leçon de choses |
| *Mercredi* | | Id. | RÉDACTION<br>M Correction du devoir précédent. Préparation du devoir suivant.<br>E Ecriture<br>P Calcul oral et écrit | M Rédaction.<br>E Correct. du devoir prec. Preparat. du devoir suivant.<br>P Lecture (M-A) | | M Dictée<br>E Rédaction<br>P Exerc. de langage (M). / Exer. de français (copie) | SCIENCES<br>M) E) Sciences naturel. Leçon (M) / Gymnastique<br>P Lecture (A) |
| *Vendredi* | | Id. | COMME LE | | | LUNDI | Travail manuel (Garçons) |
| *Samedi* | | Id. | COMME LE | | | MERCREDI | Chant / Lecture d'un morceau intéressant |

Légende : M, Cours moyen. — M, Maître. — E, Cours élémentaire. — A, Aide. — P, Cours préparatoire. — M-A, le maître d'abord. — puis l'aide.

## Emploi du temps.

### — FILLES. —

**Matin.**

| JOURS | 7 h. 50 à 8 h. | 8 h. à 8 h. 30. | 8 h. 30 à 9 h. | 9 h. à 9 h. 30. | 9 h. 30 à 9 h. 45 | 9 h. 45 à 10 h. 30 | 10 h. 30 à 11 h. |
|---|---|---|---|---|---|---|---|
| *Lundi* | Mise en rangs. — Visite de propreté. — Entrée en classe en chantant. | RÉCITATION<br>M, E: Étude — Récitation (M)<br>P: Leçon — Étude (A) | ARITHMÉTIQUE<br>M Devoir<br>E Leçon (M)<br>P Lecture (M-A) | M Leçon (M)<br>E Devoir<br>P Calcul (M-A) | Récréation | HISTOIRE<br>M Leçon — Devoir<br>E Ex. écrit de français — Leçon (M)<br>P Lecture | ÉCRITURE (M)<br>(Leçon commune) |
| *Mardi* | | Instruction civique<br>(Leçon commune) | SYSTÈME MÉTRIQUE ET GÉOMÉTRIE<br>M Devoir<br>E Leçon (M)<br>P Lecture (M-A) | M Leçon (M)<br>E Devoir<br>P Calcul (M-A) | | GÉOGRAPHIE<br>M Leçon — Devoir<br>E, P Écriture — Leçon (M) | DESSIN<br>P. Des. — Lecture (M) |
| *Mercredi* | | Morale<br>(Leçon commune) | COMME LE LUNDI | | | HISTOIRE<br>M Leçon — Devoir<br>E Cartograph. — Leçon (M)<br>P Lecture | ÉCRITURE (M)<br>(Leçon commune) |
| *Vendredi* | | RÉCITATION<br>M, E: Étude — Récitation (M)<br>P: Leçon — Étude (A) | COMME LE MARDI | | | GÉOGRAPHIE<br>M Leçon — Devoir<br>E, P Écriture — Leçon (M) | DESSIN<br>Comme le mardi |
| *Samedi* | | Économie domestique | COMME LE LUNDI | | | HISTOIRE<br>M Leçon — Devoir<br>E Ex. écrit de français — Leçon (M)<br>P Lecture | ÉCRITURE (M)<br>(Leçon commune) |

## Soir.

| JOURS | 12 h. 50 à 1 h. | 1 h. à 1 h. 30. | 1 h. 30 à 2 h. | 2 h. à 2 h. 30. | 2 h. 30 à 2 h. 45 | 2 h. 45 à 3 h. 20 | 3 h. 20 à 4 h. |
|---|---|---|---|---|---|---|---|
| *Lundi* | Mise en rangs - Visite de propreté. - Entrée en classe en chantant. | LECTURE<br>M } Lecture (M)<br>E }<br>P Ecriture (A) | LANGUE FRANÇAISE<br>M Etude Grammaire (M)<br>E } Leçon (M)<br>P }<br>E } Exercice écrit de français<br>P } | M Devoir<br>E Dictée (M)<br>P Lecture (M-A) | Récréation | LANGUE FR (suite)<br>M Dictée (M)<br>E Devoir<br>P Calcul oral et écrit (A) | SCIENCES<br>M } Sciences Agricult.<br>E }<br>P Lecture (A)<br>Devoir<br>Leçon de choses |
| *Mardi* | | Id. | COMME LE LUNDI | | | TRAVAIL MANUEL | |
| *Mercredi* | | Id. | RÉDACTION<br>M Correction du devoir précédent. Préparation du devoir nouveau.<br>E Ecriture<br>P Calcul oral et écrit | M. Rédaction<br>E Correct. du devoir préc. Préparat. du devoir nouveau<br>P Lecture (M-A) | | M Dictée<br>E Rédaction<br>P Exerc. de langage (M)<br>Exer. de français (copie) | SCIENCES<br>M } Sciences physiqu. et natur<br>E }<br>P Lecture (A)<br>Gymnastique |
| *Vendredi* | | Id. | COMME LE | | | LUNDI | TRAVAIL MANUEL |
| *Samedi* | | Id. | COMME LE | | | MERCREDI | Chant<br>Lecture d'un morceau intéressant |

Légende : M, Cours moyen. — M, Maîtresse. — E, Cours élémentaire. — A, Aide. — P, Cours préparatoire. — M-A, la maîtresse d'abord. — puis l'aide.

## Emploi du temps.

## — ECOLES MIXTES DIRIGÉES PAR UN INSTITUTEUR. —

**Matin.**

| JOURS | 7 h. 50 à 8 h. | 8 h. à 8 h. 30 | 8 h. 30 à 9 h. | 9 h. à 9 h. 30 | 9 h. 30 à 9 h. 45 | 9 h. 45 à 10 h. 30. | 10 h. 30 à 11 h. |
|---|---|---|---|---|---|---|---|
| *Lundi* | Mise en rangs. — Visite de propreté. — Entrée en classe en chantant. | RÉCITATION<br>M } Etude \| Récitat° (M)<br>E }<br>P Leçon \| Etude (A) | ARITHMÉTIQUE<br>M Devoir<br>E Leçon (M)<br>P Lecture (M-A) | M Leçon (M)<br>E Devoir<br>P Calcul (M-A) | — Récréation. — | HISTOIRE<br>M Leçon \| Devoir<br>E Ex. écrit de français } Leçon (M)<br>P Lecture } | ÉCRITURE<br>(M)<br>(Leçon commune) |
| *Mardi* | | Instruction civique<br>(Leçon commune) | SYSTÈME MÉTRIQUE ET GÉOMÉTRIE<br>M Devoir<br>E Leçon (M)<br>P Lecture (M-A) | M Leçon (M)<br>E Devoir<br>P Calcul (M-A) | | GÉOGRAPHIE<br>M Leçon \| Devoir<br>E } Ecriture } Leçon (M)<br>P } | DESSIN<br>P. Des. \| Lecture (M) |
| *Mercredi* | | Morale<br>(Leçon commune) | COMME LE LUNDI | | | HISTOIRE<br>M Leçon \| Devoir<br>E Cartograph. } Leçon (M)<br>P Lecture } | ÉCRITURE<br>(M)<br>(Leçon commune) |
| *Vendredi* | | RÉCITATION<br>M } Etude \| Récitat. (M)<br>E }<br>P Leçon \| Etude | COMME LE MARDI | | | GÉOGRAPHIE<br>M Leçon \| Devoir<br>E } Ecriture } Leçon (M)<br>P } | DESSIN<br>Comme le mardi |
| *Samedi* | | Économie domestique | COMME LE LUNDI | | | HISTOIRE<br>M Leçon \| Devoir<br>E Ex. écrit de français } Leçon (M)<br>P Lecture } | ÉCRITURE<br>(M)<br>(Leçon commune) |

**Soir.**

| JOURS | 12 h. 50 à 1 h. | 1 h. à 1 h. 30 | 1 h. 30 à 2 h. | 2 h. à 2 h. 30 | 2 h. 30 à 2 h. 45 | 2 h. 45 à 3 h. 20 | 3 h. 20 à 4 h. |
|---|---|---|---|---|---|---|---|
| *Lundi* | Mise en rangs. — Visite de propreté. — Entrée en classe en chantant. | LECTURE<br>M, E Lecture (M)<br>P Ecriture (A) | LANGUE FRANÇAISE<br>M Etude Grammaire (M)<br>E, P Leçon (M) \| E, P Exercice écrit de français | M Devoir<br>E Dictée (M)<br>P Lecture (M-A) | Récréation. | LANGUE FR. (suite)<br>M Dictée (M)<br>E Devoir<br>P Calcul oral et écrit | SCIENCES<br>M, E Agricult. \| Devoir<br>P Lecture. \| Leçon de choses |
| *Mardi* | | Id. | COMME LE LUNDI | | | GARÇONS<br>Comme le lundi<br>FILLES<br>Travail manuel | |
| *Mercredi* | | Id. | RÉDACTION<br>M Correct. du devoir préc. Prép. du devoir nouveau.<br>E Ecriture<br>P Calcul oral et écrit | M Rédaction<br>E Correct. du devoir préc. Préparat. du devoir nouveau.<br>P Lecture (M-A) | | LANGUE FR. (suite)<br>M Dictée<br>E Rédaction<br>P Exerc. de langage \| Exer. de français | SCIENCES<br>M, E Sciences physiqu. et natur.<br>P Lecture (A) \| Gymnastique |
| *Vendredi* | | Id. | COMME LE | | | LUNDI | TRAVAIL MANUEL |
| *Samedi* | | Id. | COMME LE | | | MARDI | Chant \| Lecture d'un morceau intéressant |

Légende : M, Cours moyen. — M, Maître. — E, Cours élémentaire. — A, Aide. — P, Cours préparatoire. — M-A, le maître d'abord. — puis l'aide.

## Emploi du temps,

### — ECOLES MIXTES DIRIGÉES PAR UNE INSTITUTRICE. —

**Matin.**

| JOURS | 7 h. 50 à 8 h. | 8 h. à 8 h. 30 | 8 h. 30 à 9 h. | 9 h. à 9 h. 30 | 9 h. 30 à 9 h. 45 | 9 h. 45 à 10 h. 30. | 10 h. 30 à 11 h. |
|---|---|---|---|---|---|---|---|
| *Lundi* | Mise en rangs. — Visite de propreté. — Entrée en classe en chantant. | RÉCITATION<br>M } Étude } Récitat (M)<br>E<br>P Leçon } Etude (A) | ARITHMÉTIQUE<br>M Devoir<br>E Leçon (M)<br>P Lecture (M-A) | M Leçon (M)<br>E Devoir<br>P Calcul (M-A) | — Récréation. — | HISTOIRE<br>M Leçon } Devoir<br>E Ex. écrit de français } Leçon (M)<br>P Lecture | ÉCRITURE (M)<br>(Leçon commune) |
| *Mardi* | | Instruction civique<br>(Leçon commune) | SYSTÈME MÉTRIQUE ET GÉOMÉTRIE<br>M Devoir<br>E Leçon (M)<br>P Lecture (M-A) | M Leçon (M)<br>E Devoir<br>P Calcul (M-A) | | GÉOGRAPHIE<br>M Leçon } Devoir<br>E<br>P } Ecriture } Leçon (M) | DESSIN<br>P Des. } Lecture (M) |
| *Mercredi* | | Morale<br>(Leçon commune) | COMME LE LUNDI | | | HISTOIRE<br>M Leçon } Devoir<br>E Cartograph. } Leçon (M)<br>P Lecture | ÉCRITURE (M)<br>(Leçon commune) |
| *Vendredi* | | RÉCITATION<br>M } Étude } Récitat. (M)<br>E<br>P Leçon } Etude (A) | COMME LE MARDI | | | GÉOGRAPHIE<br>M Leçon } Devoir<br>E<br>P } Ecriture } Leçon (M) | DESSIN<br>Comme le mardi |
| *Samedi* | | Économie domestique | COMME LE LUNDI | | | HISTOIRE<br>M Leçon } Devoir<br>E Ex. écrit de français } Leçon (M)<br>P Lecture | ÉCRITURE (M)<br>(Leçon commune) |

## Soir.

| JOURS | 12 h. 30 à 1 h. | 1 h. à 1 h. 30 | 1 h. 30 à 2 h. | 2 h. à 2 h. 30 | 2 h. 30 à 2 h. 45 | 2 h. 45 à 3 h. 20 | 3 h. 20 à 4 h. |
|---|---|---|---|---|---|---|---|
| *Lundi* | Mise en rangs. — Visite de propreté. — Entrée en classe en chantant. | LECTURE<br>M, E Lecture (M)<br>P Ecriture (A) | LANGUE FRANÇAISE<br>M Etude<br>E, P Leçon (M)<br>Grammaire (M) Exercice écrit de français | M Devoir<br>E Dictée (M)<br>P Lecture (M-A) | Récréation. | LANGUE FR. (suite)<br>M Dictée (M)<br>E Devoir<br>P Calcul oral et écrit (A) | SCIENCES<br>M, E Sciences Agricul.<sup></sup><br>P Lecture (A)<br>Devoir<br>Leçon de choses |
| *Mardi* | | Id. | COMME LE LUNDI | | | GARÇONS<br>Cartographie \| Travail manuel<br>FILLES<br>Travail manuel | |
| *Mercredi* | | Id. | RÉDACTION<br>M Correct. du devoir préc. Prep. du devoir nouveau.<br>E Ecriture<br>P Calcul oral et écrit | M Rédaction<br>E Correct. du devoir prec. Préparat. du devoir nouveau.<br>P Lecture (M-A) | | M Dictée<br>E Rédaction<br>P Exerc. de langage (M) \| Exer. de français (copie) | SCIENCES<br>M, E Sciences physiqu. et natur.<br>P Lecture (A)<br>Gymnastique |
| *Vendredi* | | Id. | COMME LE | | | LUNDI | TRAVAIL MANUEL |
| *Samedi* | | Id. | COMME LE | | | MERCREDI | Chant \| Lecture d'un morceau intéressant |

Légende : M, Cours moyen. — M, Maître. — E. Cours élémentaire. — A, Aide. — P, Cours préparatoire. — M-A, la maîtresse d'abord. — puis l'aide.

# ORGANISATION PÉDAGOGIQUE
## DES ÉCOLES DE LA HAUTE-SAVOIE

### *Résolutions générales.*

1° Il y a lieu d'établir, pour le département de la Haute-Savoie, des programmes dont le niveau pourra être dépassé, mais que toutes les écoles devront s'efforcer d'atteindre ;

2° Il y a lieu de faire une répartition mensuelle des matières du programme, en rapport avec les besoins de la majorité des écoles du département ;

3° Le programme des classes enfantines est applicable au cours préparatoire des écoles élémentaires, sauf certaines restrictions ;

4° Il convient d'établir une répartition des matières du programme pour le cours supérieur, quoique ce cours ne puisse, quant à présent, exister dans la plupart des écoles ;

5° Chaque année, il y aura deux passages réguliers de l'école maternelle ou de la classe enfantine à l'école élémentaire, à Pâques et à la rentrée des classes. Dans les localités qui ne possèdent ni école maternelle ni classe enfantine, il est préférable que les instituteurs ne reçoivent de nouveaux élèves qu'à ces mêmes époques ;

6° Les révisions seront mensuelles ; leur importance et leur durée sont laissées à l'initiative de l'Instituteur. Le quatrième trimestre (un mois et demi environ) sera consacré à une révision générale;

7° Une composition écrite ou orale sera faite chaque semaine sur une partie du programme obligatoire, de manière que le cycle des matières soit parcouru une fois chaque trimestre. La composition sera faite au choix de l'Instituteur, sur un cahier spécial ou sur le cahier-journal et à l'heure indiquée à l'emploi du temps pour la matière qui en fait l'objet. Les places obtenues par les élèves dans les compositions seront indiquées sur le cahier. Les compositions seront soumises au visa des parents ;

8° Les notes résultant des révisions concourront avec celles obtenues dans les compositions pour le classement des élèves ;

9° Les cahiers finis, après avoir été visés par les parents, seront rapportés à l'école pour y être conservés jusqu'à la fin de l'année scolaire dans l'armoire-bibliothèque qui, aux termes de l'article 1er du décret du 29 janvier 1890, doit se trouver dans toute école.

Tout élève qui quitte l'école emporte avec lui ses cahiers, y compris le cahier de scolarité. Ce dernier est remis par l'élève, dès son arrivée, au Directeur de l'école où il entre.

# ÉDUCATION PHYSIQUE

## TRAVAUX MANUELS

### *Garçons.*

Les travaux manuels ayant une existence légale ne peuvent être supprimés des programmes des écoles de garçons ; mais la Commission estime qu'il y a lieu de réduire, autant que possible, le programme de cet enseignement jusqu'au moment où l'école normale aura fourni un nombre suffisant de maîtres préparés à le donner avec fruit. Elle est d'avis qu'il convient de s'en tenir au programme ministériel du cours moyen, même dans les écoles où le cours supérieur existe.

Les matières premières sont peu coûteuses, et bien souvent pourront être fournies par les élèves. Il faut du papier blanc, du papier de couleur, de la paille, de la ficelle, des joncs, et enfin de la terre glaise pour ceux qui s'occuperont de modelage. Les élèves du cours élémentaire feront de petits exercices de pliage, de découpage, de tissage, de tressage, etc.

Les exercices de modelage ne nécessitent aucun frais : une simple ardoise, de la terre glaise, qu'on trouve partout, sont tout ce qu'il faut pour cet enseignement qui développe l'idée des formes chez l'enfant et lui fait acquérir une certaine souplesse de main.

Le modelage a de plus l'avantage de constituer une excellente initiation au dessin d'ornement.

## Cours préparatoire.

### Octobre.

*Petits exercices de pliage.* — Exercer les élèves à plier une feuille de papier de différentes manières et à représenter ainsi divers objets : lettre, coq, salière, bateau, chapeau, moulin, boîte, etc.

### Novembre.

Mêmes exercices.

### Décembre.

*Exercices de découpage.* — Exercer les élèves à découper (avec leurs doigts) de petites feuilles de papier de manière à représenter des objets divers : étoile, rosace, échelle, etc.

### Janvier.

Mêmes exercices.

### Février.

*Exercices de tissage* avec de petites bandes de papier.

### Mars et Avril.

Mêmes exercices.

### Mai.

Tissage de ficelles de couleurs différentes.

### Juin.

Mêmes exercices.

### Juillet et Aout.

Mêmes exercices à l'aide de paille, de joncs, de roseaux, etc.

## Cours élémentaire.

### Octobre.

*Petits exercices de pliage.* — (Voir cours préparatoire).

### Novembre.

*Exercices de découpage.* — (Voir cours préparatoire).

### Décembre.

Exercices de tissage avec de petites bandes de papier.

### Janvier.

Différentes sortes de nœuds (avec de la ficelle) : nœuds servant à attacher deux cordes ensemble; nœuds servant à fixer une corde sur un objet ; nœuds servant à replier une corde sur elle-même pour la raccourcir, pour y faire une boucle ou un œillet, pour former une tête ou un bouton (nœud simple, nœud simple gansé, nœud droit, nœud de tisserand, etc.)

### Février.

Mêmes exercices.

### Mars.

Tissage de ficelles de couleurs différentes.

### Avril.

Mêmes exercices.

### Mai.

Continuation des exercices précédents à l'aide de paille et de brins de différentes sortes et de différentes couleurs, (roseaux, joncs, alfa, etc.)

### Juin.

Mêmes exercices.

### Juillet et Aout.

Mêmes exercices. — Nattes simples faites avec de la paille, des roseaux, etc.

Notions sur les outils les plus usuels.

## Cours moyen.

### Octobre.

*Découpage* de carton. — Carte en forme de solides géométriques.

### Novembre.

Mêmes exercices.

### Décembre.

Mêmes exercices. — Construction d'objets de cartonnage, revêtus de dessins coloriés et de papier de couleur.

### Janvier.

Construction d'objets de cartonnage revêtus de dessins coloriés et de papier de couleur. (Suite.)

### Février.

Mêmes exercices.

### Mars.

*Modelage*. — Imitation de figures géométriques les plus simples : cubes, boîtes rectangulaires, prismes, pyramides, etc. (Les figures ne doivent pas avoir plus de $0^m, 10^c$ de hauteur.)

### Avril.

*Modelage* (suite). — Cylindre, cône, demi-sphère, combinaison de solides géométriques de manière à former des figures connues de l'élève.

### Mai.

Mêmes exercices. — Reproduction d'objets usuels, tels que : encrier de liège, bol, bouteille ; d'objets de formes plus variées, tels que : pomme, poire, feuilles, etc.

### Juin.

Continuation des mêmes exercices. — Ornements simples d'architecture.

### Juillet et Aout.

Continuation des mêmes exercices. — Notions sur les outils les plus usuels.

**Cours supérieur.**

Même programme que pour le cours moyen.

## TRAVAUX MANUELS

*Filles.*

Les élèves du cours préparatoire seront exercées pendant le premier trimestre aux travaux indiqués au programme des écoles de garçons, même cours (pliage, tressage, tissage, etc.), *alterné* avec les exercices de tricot; pendant le deuxième et le troisième trimestres, continuation du tricot, point simple et dessins de tapisserie.

Comme il importe que les leçons de couture soient collectives et non individuelles, et qu'on y suive une marche méthodique de même que pour les autres parties du programme, la Commission demande l'emploi de morceaux d'étoffe uniformes, qui seraient conservés à l'école absolument comme les cahiers de devoirs.

Elle émet en outre le vœu qu'indépendamment des morceaux d'étoffe, dont la fourniture leur incombe, aux termes du décret du 29 janvier 1890, les communes soient invitées à fournir les objets nécessaires à l'enseignement des travaux manuels *pour les garçons et pour les filles.*

## Cours préparatoire.

### Octobre.

*Petits exercices de pliage.* — Exercer les élèves à plier une feuille de papier de différentes manières et à représenter ainsi divers objets : lettre, coq, salière, bateau, chapeau, moulin, boîte, etc.

Etude de la maille de tricot.

### Novembre.

*Exercices de découpage.* — Exercer les élèves à découper (avec les doigts), de petites feuilles de papier, de manière à représenter des objets divers : étoiles, rosaces, échelles, etc. — Tricot de jarretière.

### Décembre.

Différentes sortes de nœuds (avec de la ficelle) : nœuds servant à attacher deux cordes ensemble ; nœuds servant à fixer une corde sur un objet ; nœuds servant à replier une corde sur elle-même pour la raccourcir, pour y faire une boucle, un œillet, pour former une tête ou un bouton (nœud simple, nœud simple gansé, nœud droit, nœud de tisserand, etc.)

Continuation du tricot de jarretière.

### Janvier.

Mailles à l'envers ; point simple de tapisserie sur gros canevas.

### Février.

Mêmes exercices.

### Mars.

Manchette. — Un tour à l'endroit. Un tour à l'envers.

### Avril.

Côtes de tricot. — Simples dessins en tapisserie.

### Mai.

Mêmes exercices.

### Juin.

Pelotes ; liens de serviettes ; poignées de fer à repasser.

### Juillet et Aout.

Mêmes exercices.

## Cours élémentaire.

**Octobre.**

Commencement de la couture : point devant. — Revision des premiers exercices de tricot.

**Novembre.**

Couture : premiers exercices (suite).
Tricot : Semelles de chaussettes.

**Décembre.**

Mêmes exercices.

**Janvier.**

Mêmes exercices. — Bas.

**Février.**

Mêmes exercices.

**Mars.**

Continuation du bas et marque sur canevas (lettres simples).

**Avril.**

Couture : ourlet.

**Mai.**

Couture : surjet.

**Juin.**

Point arrière. — Continuation des lettres.

**Juillet et Aout.**

Application des exercices de couture sur mouchoirs, essuie-mains.

## Cours moyen.

### Octobre.

Chaussettes, bas.

### Novembre.

Marque sur toile.

### Décembre.

Eléments de couture : point devant, point de côté, point arrière, point de surjet.

### Janvier.

Couture simple. — Ourlet. — Couture double. — Surjet sur lisière, sur plis rentrés.

### Février.

Confection d'ouvrages de couture simples et faciles : serviettes, essuie-mains, mouchoirs.

### Mars.

Remmaillage.

### Avril.

Reprises. — Boutonnières.

### Mai.

Tablier. — Chemise de femme.

### Juin.

Rapiéçage.

### Juillet et Aout.

Mêmes exercices.

## Cours supérieur.

Octobre.

Tricot : jupon, gilet.

Novembre.

Tricot : gilet (suite), gants.

Décembre.

Marque sur toile.

Janvier.

Piqûres et froncés.

Février.

Boutonnières.

Mars.

Raccommodage des vêtements.

Avril.

Mêmes exercices.

Mai.

Reprises.

Juin.

Coupe et confection de jupons simples.

Juillet.

Coupe et confection de chemises, de tabliers.

Aout.

Coupe et confection (suite).

# GYMNASTIQUE

## *Garçons.*

### Octobre.

1° *Exercices militaires.* — Exercices élémentaires. — Station régulière du corps. — Alignements à droite ou à gauche. — Ouvrir ou serrer les intervalles.

2° *Assouplissements.* — *Mouvements de la tête.* — Rotation de la tête à droite et à gauche. — Flexion de la tête en avant et en arrière. - Flexion de la tête vers la droite et vers la gauche.

*Mouvements du tronc.* — Flexion du corps en avant, les mains portées vers le sol; en deux temps. Extension du corps en arrière, les bras portés en arrière, et éloignés du corps; en deux temps. — Flexion latérale du corps, à droite et à gauche, les mains sur les hanches; en quatre temps *(cadence lente)*. — Rotation du corps à droite et à gauche (à gauche et à droite); en deux temps. — Circumduction du tronc, les bras tendus verticalement au-dessus de la tête *(cadence lente)*.

*Mouvements des bras.* — Mouvement vertical des bras sans flexion; en deux temps. — Mouvement alternatif et vertical des bras (flexion et extension); en quatre temps. — Mouvement simultané et vertical des bras (flexion et élévation); en quatre temps. — Mouvement alternatif des avant-bras, en portant le poing à l'épaule, les coudes restant près du corps (flexion et extension); en deux temps. — Mouvement simultané des avant-bras (flexion et extension); en deux temps. — Mouvement horizontal des bras en avant; en deux temps. — Mouvement de flexion et d'extension des bras portés alternativement en avant; en quatre temps.

NOVEMBRE.

1° *Exercices militaires.* — Continuation des exercices du mois précédent.

2° *Exercices d'assouplissement.* — Mouvement de flexion et d'extension des bras portés simultanément en avant ; en quatre temps. — Flexion et extension latérale des bras, les mains partant des épaules ; en deux temps. — Flexion et extension alternative et latérale des bras ; en quatre temps. — Flexion et extension simultanée et latérale des bras ; en quatre temps. — Circumduction du bras droit et du bras gauche, alternativement, puis des deux bras simultanément. — Mouvement alternatif en avant des bras (flexion et extension) en les portant ensuite tendus sur les côtés ; en quatre temps.

*Mouvements des jambes.* — Flexion de la jambe sous la cuisse *(cadence modérée)*. — Flexion et élévation de la cuisse sur le bassin, la jambe en demi-flexion *(cadence modérée, accélérée ou de course)*. — Mouvement simultané *(exercices pyrrhiques)* des extrémités, droites *(ou gauches)* en avant. — Mouvement alternatif de flexion et d'extension des articulations des pieds, les mains sur les hanches; en deux temps. — Mouvement d'extension des membres inférieurs et élévation du corps sur la pointe des pieds. — Elévation simultanée et latérale des bras au-dessus de la tête, les doigts allongés ; en deux temps. — Circumduction alternative des jambes, de dedans en dehors, et réciproquement, les mains sur les hanches ;

3° *Gymnastique.* — Exercices avec les haltères. (Voir manuel de gymnastique).

DÉCEMBRE.

1° *Exercices militaires.* — Continuation des exercices précédents ;

2° *Assouplissements.* — *Sauts.* — Sauts continus sur un pied. — Sauts continus en avant, sur le pied droit ou gauche, sauts à pieds joints. — Saut en largeur en avant. — Saut en hauteur. — Saut en largeur et hauteur. —

Saut en largeur vers la droite ou vers la gauche. — Saut en largeur en arrière. — Sauts continus à pieds joints. — Sauts précédés d'une course. — Saut en largeur avec élan, en prenant le point d'appui sur les deux pieds. — Saut en hauteur avec élan, en prenant le point d'appui sur les deux pieds;

3° *Gymnastique.* — Exercices avec les haltères (suite).

JANVIER.

1° *Exercices militaires.* — Ecole du soldat sans arme. — A droite, à gauche. — Demi à droite, demi à gauche. — Demi tour à droite;

2° *Assouplissements.* — *Mouvements des bras et des jambes.* — Flexion des genoux sur les extrémités inférieures, les bras placés horizontalement; en trois temps. Flexion des genoux sur les extrémités inférieures et mouvement vertical des bras; en quatre temps. — Fléxion du corps en avant sur la cuisse droite (ou gauche) et mouvement vertical des bras; en quatre temps.

3° *Gymnastique.* — Exercices du bâton et de la canne. (Voir manuel de gymnastique). — Mouvements élémentaires de la boxe française.

FÉVRIER.

1° *Exercices militaires.* — Pas accéléré; — pas en arrière; — pas gymnastique;

2° *Assouplissements.* — Mouvement alternatif des bras (flexion et extension) et des jambes en avant; en quatre temps. — Mouvement simultané des bras (flexion et extension) et alternatif des jambes; en quatre temps. — Mouvement alternatif des bras et des jambes en avant, en portant ensuite les bras tendus sur les côtés; en quatre temps. — Flexion et extension simultanée et latérale des membres supérieurs, et alternative des membres inférieurs; en quatre temps;

3° *Gymnastique.* — Continuation des exercices du mois précédent.

Mars.

1° *Exercices militaires.* — Marquer le pas. — Changer le pas ;

2° *Assouplissements.* — Flexion des jambes et mouvement horizontal des bras sur les côtés ; en quatre temps. — Mouvement vertical des bras, en marchant au pas accéléré (flexion et extension) ; en quatre temps. — Mouvement latéral des bras en marchant au pas accéléré (flexion et extension); en quatre temps. — Lancer les bras en avant alternativement en avançant au pas modéré ; en deux temps ;

3° *Gymnastique.* — Continuation des exercices précédents. — Traction et flexion des bras aux agrès. — Exercices aux échelles (échelle horizontale, échelle inclinée, échelle avec planche dorsale, échelles jumelles).

Avril.

1° *Exercices militaires.* — Ecole du soldat sans arme. — Mouvements de tête à droite et à gauche. — Alignements;

2° *Assouplissements.* — *Mouvements des bras et des jambes.* — Lancer les bras en avant, simultanément, en avançant au pas modéré; en deux temps. — Lancer les bras en avant, alternativement en marchant en arrière ; en deux temps. — Lancer les bras en avant, simultanément, en marchant en arrière ; en deux temps ;

3° *Gymnastique.* — Continuation des exercices précédents. — Planche d'assaut.

Mai.

1° *Exercices militaires.* — Marche de front ; marche oblique ;

2° *Assouplissements.* — Lancer alternativement les bras en avant et les rapprocher du corps, dans la flexion, en avançant; en quatre temps. — Lancer simultanément les bras en avant et les rapprocher du corps, dans la flexion, en avançant ; en quatre temps. — Porter les bras en avant et ensuite tendus sur les côtés au pas accéléré ; en quatre temps. — Porter les bras en avant alternativement et les ramener dans l'extension sur les côtés du corps en avançant la jambe du même côté ; en quatre temps. — Porter les bras en avant, alternativement, et les ramener dans l'extension sur les côtés du corps, en marchant en arrière ; en quatre temps ;

3° *Gymnastique*. — Continuation des exercices précédents. — Perches verticales fixes par paires. — Poutre horizontale. — Mât vertical.

JUIN.

1° *Exercices militaires*. — Continuation des exercices précédents ;

2° *Natation*. — Mouvements élémentaires à sec. — Développement de la jambe droite (ou gauche) et du bras droit sur le pied gauche (ou droit). — Exercices des bras. — Exercices des jambes. — Exercices des bras et des jambes. — Exercice sur le chevalet ou sur une barre ;

3° *Gymnastique*. — Continuation des exercices précédents.

JUILLET. — AOUT.

Révision.

---

## GYMNASTIQUE.

### *Filles*.

Mêmes exercices que dans les écoles de garçons, à l'exception de la boxe, du bâton et de la canne, qui seront remplacés par la danse et des jeux spéciaux.

NOTA — *Pendant toute l'année, dans les écoles de garçons comme dans les écoles de filles, jeux variés (corde, balle, cerceau, etc.) et jeux impliquant l'action de courir.*

## ÉCONOMIE DOMESTIQUE.

Une leçon d'économie domestique sera faite chaque semaine, le samedi, dans les écoles de filles. Elle aura pour objet : la nécessité de l'ordre dans un ménage, la manière de préparer les aliments, de les conserver, le nettoyage du linge, la conservation des vêtements, l'aération des appartements, les soins à donner au corps, la manière de prendre les repas, le lever, le coucher, etc.

### OCTOBRE.

Entretien de la maison d'habitation : planchers, carrelages ; nettoyage des cuivres, des ustensiles de ménage. — Une place pour chaque chose ; chaque chose à sa place. — Ordre et propreté. — Préparation des vêtements d'hiver.

### NOVEMBRE.

Modes de chauffage : cheminées, poêles, brasiers. — Ventilation, aérage. — Dangers de certains modes ou appareils de chauffage. — Combustibles : bois, charbon, braise, houille, coke.

### DÉCEMBRE.

Allumettes chimiques, leurs dangers, précautions à prendre ; allumettes soufrées. — Eclairage : huile, pétrole, chandelle, bougie. — Entretien et préparation des lampes. — Précautions à prendre dans l'usage du pétrole.

### JANVIER.

Entretien du mobilier, des étoffes, du linge. — Blanchissage du linge. — Emploi du savon, du chlore, de l'eau de javelle, des carbonates. — Lessive : usage des cendres de bois. — Séchage et repassage du linge. — Eviter de le faire sécher dans les appartements.

FÉVRIER.

Vêtements selon les saisons. — Chaussures. — Coiffures. — Les vêtements doivent laisser le corps à l'aise. — Entretien et propreté des vêtements. — La plus belle parure est la propreté. — Usage de la flanelle. — Blanchissage de la flanelle.

MARS.

Propreté du corps : bains chauds, bains froids; soins de propreté journaliers. — Durée du sommeil. — Avantages des habitudes matinales. — Entretien et propreté des lits.

AVRIL.

Principes élémentaires de cuisine. — Conservation des viandes; cuisson; pot-au-feu; bouillon; consommé; rôti; friture. — Poisson. — Légumes. — Farine; pain tendre; pain rassis; pâtisseries; desserts. — Régularité des repas. — Disposition du couvert.

MAI.

Provisions de ménage; conservation du beurre, des œufs, des fruits; conservation et cuisson des légumes. — Réparation et conservation des vêtements d'hiver, leur nettoyage.

JUIN.

Boissons : eau potable, eau filtrée. — Vin, cidre, bière, café, chicorée, thé. — Fabrication des confitures, des sirops, des fruits à l'eau-de-vie, des liqueurs.

JUILLET. — AOUT.

Révision générale.

## HYGIÈNE.

Les principes de l'hygiène, exposés avec intelligence, contribueront puissamment à l'éducation physique et à l'éducation morale, prépareront pour la patrie des hommes et des femmes robustes, et pour la vie de famille, des ménagères laborieuses et économes.

Cet enseignement sera donné incidemment à propos de tous les exercices scolaires, et notamment par les lectures courantes, les leçons d'écriture et de sciences physiques et naturelles, les dictées, les sujets de rédaction, les problèmes d'arithmétique, etc.

Les ouvrages de la bibliothèque scolaire, traitant de cette matière, les tableaux illustrés, démontrant les désordres produits par l'abus de l'alcool et renfermant des préceptes d'hygiène, concourront, dans une certaine mesure, à donner cet enseignement.

Les récits d'accidents divers fourniront matière à des entretiens propres à développer chez l'enfant l'esprit de prévoyance.

Enfin, il serait désirable qu'une surveillance médicale fût organisée dans les écoles publiques du département.

Le développement du programme ci-après est laissé au choix de l'instituteur, d'après les besoins de son école.

1° *L'air.* — Nécessité d'un air pur. — Causes qui en altèrent la pureté. — Moyens d'y remédier. — Température nécessaire au corps.

2° *Régime alimentaire.* — Choix et préparation des aliments. — Abus des boissons alcooliques et du tabac.

3° *Vêtements.* — Tenue et propreté.

4° *Habitation.* — Son entretien.

5° *Hygiène des professions.* — Nécessité d'allier les exercices physiques et les exercices intellectuels. — Choix d'une profession en rapport avec la constitution des enfants. — Avantages de la vie champêtre.

6° *Hygiène des sens.* — Soins à donner à la première enfance.

7° *Maladies et accidents.* — Premiers soins à donner. — Préjugés et erreurs populaires à combattre.

# ÉDUCATION INTELLECTUELLE

## LECTURE

### Cours préparatoire

Quelle que soit la méthode de lecture suivie dans l'école, le maître s'attachera à la parcourir dans l'espace de cinq mois, de manière à la voir deux fois dans le courant de l'année scolaire. A la fin de la première période, il se forme un sectionnement naturel chez les élèves : ceux qui ont parcouru avec fruit les éléments de la méthode reçoivent un livre de lecture courante ; les retardataires redoublent avec les nouveaux venus. On évite ainsi les nombreuses divisions qui font perdre un temps précieux.

### Cours élémentaire

La lecture doit être d'abord collective, lente et syllabée. Le passage est lu par le maître, puis relu par tous les élèves ensemble, et ensuite individuellement. Ces procédés, sagement combinés, aideront beaucoup les élèves, mal doués sous le rapport de l'oreille, à prendre le ton de la lecture expressive.

Pour tous les cours, chaque morceau de lecture ou de récitation donnera lieu :

1° A l'analyse des idées du morceau ;
2° A l'explication du sens des phrases et des mots ;
3° A des explications grammaticales et littéraires ;
4° A la reproduction orale du morceau lu ou étudié.

Pour donner aux enfants le goût de la lecture et le faire pénétrer dans les familles, l'instituteur fera, une fois chaque semaine, une lecture à toute la classe. Le sujet en sera choisi, expliqué et commenté avec le plus grand soin.

### Cours moyen

Mêmes procédés d'enseignement que pour le cours élémentaire. Le maître doit toujours lire, en totalité ou en partie, le morceau qu'il a choisi et préparé pour servir de texte à la leçon de lecture. Il fait remarquer aux élèves l'intonation générale qu'il convient de donner, appelle leur attention sur les repos et les liaisons ; il leur explique le sens du morceau et le leur fait ensuite résumer, soit oralement, soit, lorsqu'il y a lieu, par écrit.

La première de toutes les conditions pour bien lire est de comprendre ce qu'on lit; de là, la nécessité absolue pour l'instituteur de ne mettre entre les mains de ses élèves que des livres contenant des morceaux intéressants et variés, tout en étant instructifs, mais toujours à leur portée et en rapport avec leur développement intellectuel.

### Cours supérieur

Le maître devra faire choix d'un bon recueil de morceaux littéraires, extraits des meilleurs auteurs. Les morceaux en prose alterneront avec les morceaux en vers. Quelques-uns seront appris par cœur. La lecture sera faite d'abord par le maître d'une manière naturelle, expressive, puis individuellement par les élèves. Cette lecture sera suivie d'explications qui pourront avoir lieu dans l'ordre suivant :

1° Analyse des idées du morceau (idées principales, idées secondaires, idées de détail se rattachant aux idées secondaires) ;

2° Distinction du genre littéraire du morceau lu (récit, description, dialogue, etc.), avec indication des caractères particuliers de ce genre ;

3° Explication des mots, des tournures et des phrases (exercices de vocabulaire, figures grammaticales, figures littéraires, principales règles de construction, de prosodie, de versification) ;

4° Reproduction verbale et quelquefois écrite du morceau lu.

## ECRITURE

Les premiers exercices d'écriture se feront avantageusement sur des ardoises factices et avec crayon tendre.

L'usage des cahiers préparés doit être abandonné. Le maître doit chercher à obtenir le plus tôt possible une bonne écriture expédiée, courante et lisible. Il rappelle, au commencement de chaque leçon, les principes relatifs à la tenue du corps, du cahier et de la plume, et veille à ce que ces principes soient toujours observés.

Il trace au tableau noir, toujours sous les yeux de l'élève, la lettre, le groupe de lettres ou la phrase qui fait l'objet de la leçon, en donnant sur les procédés d'exécution toutes les explications qu'il croit utiles. Pendant la leçon, il circule dans les tables et corrige les écritures en rectifiant lui-même, sur le cahier de l'élève, les lettres défectueuses. Les défauts qui se reproduisent chez plusieurs élèves font l'objet d'une observation générale accompagnée d'une démonstration au tableau noir.

Les en-tête des cahiers, coupés et distribués aux élèves, peuvent servir comme modèles, sauf pour le cours préparatoire.

La ronde et la bâtarde seront enseignées au cours supérieur, et à ceux des élèves du cours moyen qui posséderont une bonne cursive.

Dans le cours supérieur et pour les meilleurs élèves du cours moyen, le temps consacré à l'écriture sera utilement employé au tracé de tableaux, de cadres, de factures, de mémoires, de billets à ordre, etc.

L'emploi des méthodes simultanées de lecture et d'écriture est recommandé sous certaines réserves dans l'application. On cherchera surtout à éviter la confusion que peut présenter la différence de forme qu'affectent certaines lettres, selon qu'elles sont imprimées ou manuscrites.

## Octobre.

*Douze leçons par mois conformément au tableau d'emploi du temps.*

1re leçon. — Tenue du corps, du cahier, de la plume.
2e leçon. — Le corps d'écriture, le plein.
3e leçon. — Le délié, construit en montant et en descendant.
4e leçon. — Etude de la lettre *i*, l'alterner avec le plein et le délié.
5e leçon. — La lettre *u*, alternée avec la précédente.
6e leçon. — La lettre *t*, alternée avec les deux autres.
7e leçon. — Les lettres *m*, *n* ; *muni*, *mutin*.
8e leçon. — Le modèle précédent écrit en fin avec observation rigoureuse des détails de construction.
9e, 10e, 11e et 12e leçons. — Révision du mois.

## Novembre.

13e leçon. — La lettre *p*; *pin*, *puni*, *impuni*.
14e leçon. — Modèle précédent en fin.

### 2e Groupe : c, o, a, e, d, q.

15e leçon. — La lettre *c* ; *pic*, *tic*, *cuit*.
16e leçon. — Modèle précédent en fin.
17e leçon. — La lettre *o* ; *moi*, *mouton*, *coco*, *coucou*.
18e leçon. — Modèle précédent en fin.
19e leçon. — La lettre *e* ; *côte*, *minute*, *tête*, *note*, *mine*, *même*.
20e leçon. — Modèle précédent en fin.
21e, 22e, 23e et 24e leçon. — Révision du mois.

## Décembre.

25e leçon. — La lettre *a*; *âne*, *canne*, *papa*, *ami*.
26e leçon. — Modèle en fin : *papa a une canne* ; *aime ton papa et ta maman*.
27e leçon. — Les lettres *d* et *q* ; *dindon*, *toque*, *coque*, *nuque* ; — *mon ami m'a donné un dindon*.
28e leçon. — Modèle précédent en fin.

3e groupe : r, v, x, s.

29e leçon. — La lettre *r*; *rire, porte, carte, route.*
30e leçon. — Modèle en fin : *ma mère m'a rapporté une carte.*
31e leçon. — La lettre *v* ; *rave, rive, navire, verre.*
32e leçon. — Modèle en fin : *votre ami viendra me voir.*
33e, 34e, 35e et 36e leçons. — Révision du mois.

Janvier.

37e leçon. — La lettre *x* ; *noix, rixe, taxe, axe.*
38e leçon. — Modèle en fin : *xavier a récité une maxime ; — on doit acquitter cette taxe.*
39e leçon. — La lettre *s* ; *site, vase, cerise ; — nous assisterons samedi aux examens de ma sœur.*
40e leçon. — Modèle précédent en fin.
41e, 42e, 43e et 44e leçons. — Révision de toutes les lettres étudiées.

4e groupe : l, j, h, y, k, g, b, f, z.

1re leçon. — La lettre *l*; *lime, pilule, volume ; — l'abeille produit le miel et la cire.*
2e leçon. — Modèle précédent en fin.
3e leçon. — La lettre *j* ; *jupon, jardin, jeudi ; — jeudi j'arroserai les jolis rosiers de mon jardin.*
4e leçon. — Modèle précédent en fin.

Février.

4e Leçon. — Modèle précédent en fin.
5e leçon. — La lettre *h* ; *hutte, hôtel, chêne, hache ; — la charité honore le riche.*
6e leçon. — Modèle précédent en fin.
7e leçon. — La lettre *y* ; *lyre, myope, pyramide ; — ayez une place pour chaque chose et mettez chaque chose à sa place.*
8e leçon. — Modèle précédent en fin.
9e leçon. — La lettre *k* : *moka, képi, coke ; — cet homme a transporté une voiture de coke à une distance de six kilomètres.*
10e leçon. — Modèle précédent en fin.
11e leçon. — La lettre *g* ; *gage, gardien, gare ; — gardez-vous de juger les gens sur la mine.*

12e leçon. — Modèle précédent en fin.

13e, 14e, 15e et 16e leçons. — Révision du mois.

MARS.

17e leçon. — La lettre *b*; *bataille, bureau, boule, robe; — écris les injures sur le sable et les bienfaits sur le marbre.*

18e leçon. — Modèle précédent en fin.

19e leçon. — La lettre *f*; *fil, fête, farine, fumée; — La famille se compose du père, de la mère et des enfants.*

20e leçon. — Modèle précédent en fin.

21e leçon. — La lettre *z*; *zéro, zèle; — travaillez avec zèle et courage.*

22e leçon. — Modèle précédent en fin.

23e, 24e, 25e, 26e, 27e et 28e leçons. — Révision générale de toutes les lettres bouclées.

AVRIL.

| | | |
|---|---|---|
| Les lettres majuscules: | 1er groupe : | A, M. N. |
| — | 2e groupe: | C, G, L, S, E, O. |
| — | 3e groupe : | V, U, Y, X, Q, T. |
| — | 4e groupe : | B, P, R, F, D. |
| — | 5e groupe : | I, J, H, K, Z. |

1re leçon. — *A; Annecy, André; — Alfred ira lundi à Amiens.*

2e leçon. — *M; Montreuil, Marc; — Michel a raconté ses peines à Martus.*

3e leçon. — *N; Nîmes, Nantes, Nicolas; — Nous visiterons le mois prochain, Nice, Narbonne et Nantua.*

4e leçon. — *C; Calais, Cherbourg, Charles, Cécile; — C'est un honneur de servir sa patrie.*

5e leçon. — *G; Granville, Gard, Gaston; — Gardons-nous bien surtout d'insulter au malheur.*

6e leçon. — *L; Lisieux, Lorient, Louis, Lucie; — Les belles actions cachées sont les plus estimables.*

7e leçon. — *S; Saumur, Sens, Sara; — Si tu veux qu'on t'épargne, épargne aussi les autres.*

8e, 9e et 10e leçons. — Révision du mois.

MAI.

11e leçon. — *E; Elbeuf, Epinal, Eugène, Ernest; — Emile a habité Evreux et Etampes.*

12e leçon — *O; Orléans, Océanie, Orange; — Obéis, si tu veux qu'on t'obéisse un jour.*

13e leçon. — *V; Vire, Valence, Victor, Virginie; — Vivre de peu, c'est être vraiment riche.*

14e leçon. — *U; Uzès, Ussel, Urbain, Ursule; — Un ami véritable est une douce chose.*

15e leçon. — *Y; Yvetot, Yonne, Yves; Yvonne se rendra à Ypres aux vacances prochaines.*

16e leçon. — *Q; Quimper, Quiberon; — Que le bon accord règne dans la famille.*

17e leçon. — *T; Tours, Toulouse, Thonon, Thomas; — Toujours on est puni par où on a péché.*

18e leçon. — *B; Boulogne, Bordeaux, Bonneville; — Bien mal acquis ne profite jamais.*

19e, 20e, 21e et 22e leçons. Révision du mois.

JUIN.

23e leçon. — *P; Paris, Périgueux, Pascal; — Paul se promène seul sur la route.*

24e leçon. — *R; Rennes, Rouen, René, Rosine; — Rien ne sert de courir, il faut partir à point.*

25e leçon. — *F; France, Falaise, Félix, Firmin; — François est studieux, exact et soigneux.*

26e leçon. — *D; Dinan, Dijon, Denis; — Dis-moi qui tu hantes, je te dirai qui tu es.*

27e leçon. — *I; Issoire, Issoudun, Isabelle; — Instruisez-vous pendant que vous êtes à l'école.*

28e leçon. — *J; Jura, Saint-Julien, Jules; — Jérôme parle peu et écoute toujours.*

29e leçon. — *H; Le Hâvre, Honfleur, Henri; — Heureux l'enfant qui respecte son père et sa mère.*

30e leçon. — *K; Karikal, Kellermann; Kléber, général français fut assassiné au Caire en 1800.*

31e leçon. — *Z; Zama, Zurich, Zoé; — Masséna a sauvé la France par la victoire de Zurich.*

32e, 33e et 34e leçons. — Révision du mois.

JUILLET. — AOUT.

Révision générale.

## LANGUE FRANÇAISE.

Dans le cours préparatoire, l'enseignement sera exclusivement oral ; il n'y a donc pas lieu de mettre une grammaire entre les mains des élèves.

Dans le cours élémentaire, le livre pourra être employé comme *memento*, mais surtout comme recueil d'exercices variés.

Le livre ne viendra donc que comme auxiliaire. Cette remarque s'applique au cours moyen et au cours supérieur. Toute leçon est expliquée par le maître avant d'être donnée à étudier aux élèves.

L'exposition de la leçon est faite au tableau noir sur des exemples choisis par le maître. Les définitions et les règles sont tirées de l'explication de ces exemples.

Les devoirs d'application seront courts et corrigés avec soin.

On fera de temps en temps des analyses écrites et souvent des analyses orales. Elle seront restreintes à ce qui est absolument nécessaire pour faciliter l'étude de la langue. On évitera ces longs développements et ces répétitions inutiles qui habituent l'élève à travailler machinalement et lui font perdre un temps précieux.

Les dictées seront courtes, afin que le maître ait le temps de les expliquer convenablement ; elles ne dépasseront pas quatre lignes dans le cours préparatoire, huit dans le cours élémentaire et douze dans le cours moyen ; elles seront empruntées aux auteurs classiques et auront trait à des questions morales, historiques, agricoles, etc., etc.

Les textes qu'on a altérés pour y accumuler des difficultés sont absolument proscrits.

L'exercice capital de l'école, celui qui demande le plus de soin et de travail, est la rédaction.

La correction y joue un rôle très important. Elle portera non seulement sur la forme, mais aussi sur le fond, sur le choix et l'enchaînement des idées.

Les élèves pourront prendre part à la correction qui

sera faite au tableau noir; mais elle devra toujours être préparée par le maître en dehors des heures de classe.

Les images seront utilement employées pour l'enseignement de la composition française dans les cours préparatoire et élémentaire.

### Cours préparatoire.

#### Octobre.

Apprendre aux enfants à bien prononcer les mots dont ils se servent, à séparer ces mots dans les réponses qu'ils font. — Les accoutumer à répondre en faisant des phrases complètes et non par *oui* et par *non*. — Petites conversations avec les enfants sur leurs noms, prénoms, leur âge, leur demeure, leur lieu de naissance, la profession de leurs parents, les jours de la semaine, les mois de l'année, les divisions du temps, etc., exercices de mémoire. — Petits morceaux de récitation appris simultanément.

#### Novembre.

Suite des exercices du mois précédent. — Petites conversations avec les enfants. — Historiettes racontées par le maître et répétées par les élèves. — Épellation de mémoire de syllabes et de mots tirés de la leçon de lecture et choisis de manière que toutes les lettres se fassent sentir. — *Idée du nom*. — Noms de personnes, d'animaux, de choses. — Faire nommer par les enfants les personnes et les objets qui les entourent. — Petits exercices oraux d'application sur le nom. — Exercices oraux d'invention. — Conjugaison orale des verbes *être* et *avoir* au présent de l'indicatif avec un complément. — Exercices de mémoire, comme ci-dessus.

#### Décembre.

Suite des exercices du mois précédent. — Petites conversations, historiettes, épellation de mémoire, de mots et de syllabes. — *Idée du nom* (suite). — Faire nommer des noms de personnes, d'animaux et de choses. — Petits exercices oraux d'application et d'invention. —

Exercices oraux d'observation sur des images ou des objets. Petits exercices de copie. — Conjugaison orale des verbes *avoir* et *être* à l'imparfait. — Exercices de mémoire, comme ci-dessus.

### Janvier.

Causeries sur les objets que les élèves connaissent ou qu'ils ont sous les yeux, historiettes. — *Nom* (suite) : nom commun, nom propre. — Petits exercices oraux d'application et d'invention. — Exercices oraux d'observation sur des images ou des objets. — Petits exercices de copie. — Conjugaison orale des verbes *être* et *avoir* au passé défini. — Exercices de mémoire, comme ci-dessus.

### Février.

Causeries, historiettes, comme dans le mois précédent. — *Nom* (suite) ; masculin, féminin. — Petits exercices oraux et écrits d'application. — Exercices oraux d'observation sur des images et sur des objets. - Conjugaison orale des verbes *être* et *avoir* au futur. — Exercices de mémoire.

### Mars.

Continuation des mêmes exercices. — *Nom* (suite), singulier et pluriel. — Petits exercices oraux et écrits d'application. Exercices oraux d'invention, d'observation, de mémoire, comme ci-dessus. — Conjugaison orale des verbes *avoir* et *être* aux quatre temps simples de l'Indicatif. — Notions très élémentaires sur *l'adjectif qualificatif*. — Petites dictées au tableau noir, de mots très simples.

### Avril.

Continuation des mêmes exercices, — *Idée du verbe* restreint aux verbes qui expriment l'action. — Faire citer des verbes. — Petits exercices d'application, d'invention et de mémoire. — Conjugaison orale de *verbes* de la *première conjugaison* aux quatre temps simples de l'indicatif. — Petites dictées au tableau noir de mots très simples.

Mai.

Suite des exercices précédents. — *Verbe* (suite) : distinction des trois personnes. — Conjugaison des verbes de la *deuxième conjugaison* aux quatre temps simples de l'indicatif — Exercices oraux d'observation, d'invention et de mémoire. — Petites dictées au tableau noir de mots très simples.

Juin.

Continuation des exercices précédents.— *Verbe* (suite): les quatre conjugaisons, etc. — Conjugaison orale des verbes de la troisième et de la quatrième conjugaison aux quatre temps simples de l'indicatif. — Exercices d'application, d'invention, d'observation et de mémoire comme ci-dessus. — Petites dictées.

Juillet-Aout.

Révision générale.

**Cours élémentaire.**

Octobre.

Notions préliminaires : *lettres, voyelles et consonnes.* — *Syllabes et mots.* — Les trois sortes d'*é*, les *accents*; idée du *nom :* faire nommer les personnes ou les objets qui entourent les enfants, leur faire trouver, dans un texte donné, les noms qui désignent des personnes ou des choses. — Définition du nom. — *Verbe.* — Idée du verbe restreinte aux verbes exprimant l'action. — Faire citer des verbes et en faire trouver dans un texte donné. — Conjugaison orale et écrite des verbes en *er* au présent de l'indicatif, avec l'adjonction d'un complément.

Novembre.

*Nom* (suite). — Distinction du nom commun et du nom propre. — Exercices d'application. — *Verbe* : distinction des trois personnes. — Idée du radical et de la terminaison. — Conjugaison orale et écrite de verbes en *er*, (avec adjonction d'un complément) à l'imparfait et au passé défini. — Etude de l'auxiliaire *avoir* aux temps simples de l'indicatif et au conditionnel.

### Décembre.

*Nom* (suite) : masculin, féminin, singulier, pluriel. — Exercices d'application. — *Verbe* : distinction des conjugaisons ; conjugaison orale et écrite de verbes en *er* au futur simple et au conditionnel. — Etude de l'auxiliaire *avoir* aux temps composés de l'indicatif et du conditionnel. — Révision du trimestre.

### Janvier.

*Nom* (suite) : formation du pluriel. — Principales exceptions. — Exercices d'application. — *Verbe*. — Idée du sujet au moyen d'exemples. — Exercer les élèves à trouver le sujet dans de petites propositions. — Conjugaison orale et écrite de verbes de la deuxième conjugaison au présent et à l'imparfait de l'indicatif. — Etude de l'auxiliaire *avoir* (fin).

### Février.

*Article*. — *Adjectif*. — Exemples ; définition, formation du féminin. — Exemples et exercices d'application. — *Verbe*. — Accord du verbe avec son sujet. — Conjugaison orale et écrite des verbes de la deuxième conjugaison, au passé défini, au futur simple et au conditionnel présent. — Etude de l'auxiliaire *être* à l'indicatif et au conditionnel.

### Mars.

*Adjectif* (suite). — Règle générale de la formation du pluriel. — Accord de l'adjectif avec le nom. — Exercice d'application. — *Verbe* (suite) : suite de l'accord du verbe avec son sujet. — Conjugaison orale et écrite des verbes de la troisième conjugaison aux quatre temps simples de l'indicatif et du conditionnel. — Étude de l'auxiliaire *être* aux temps composés de l'indicatif. — Révision générale du trimestre.

### Avril.

*Adjectif* (suite). — Accord de l'adjectif avec le nom. — Nombreux exercices d'application et d'invention sur le nom, l'adjectif et le verbe. — Adjectifs numéraux et démonstratifs. — *Verbe.* — Suite de l'accord du verbe avec son sujet. — Conjugaison orale et écrite des verbes de la quatrième conjugaison aux quatre temps simples de l'indicatif et au conditionnel présent. — Etude de l'auxiliaire *être* (fin).

MAI.

*Adjectif* (suite). — Accord de l'adjectif avec le nom (suite). — Exercices d'application et d'invention sur le nom, l'adjectif et le verbe. — Les adjectifs possessifs et indéfinis. — Exercices d'application. — *Verbe* : accord avec le sujet. — Conjugaison des temps composés de l'indicatif et du conditionnel dans les quatre conjugaisons.

JUIN.

*Pronom.* — Exercices d'application et d'invention sur le nom, l'adjetif et le verbe. — *Verbe* : accord du verbe avec son sujet (suite). — Conjugaison des verbes des quatre conjugaisons, d'abord à l'impératif, puis aux différents temps du subjonctif en employant une locution convenable. — Notions très élémentaires sur les *mots invariables.*

JUILLET-AOUT.

Révision générale.

*Observations.*

Pendant toute l'année, les élèves seront soumis :

1° A des exercices oraux variés, tels que :

A. — Questions et explications pendant et à la suite de la leçon de lecture ou de la correction des devoirs.

B. — Interrogations sur le sens, l'emploi, l'orthographe des mots du texte lu.

C. — Epellation et écriture au tableau noir des mots difficiles.

D. — Reproduction orale de petites phrases lues et expliquées, puis de récits ou de fragments de récits faits par le maître.

E. — Exercices de mémoire. — Récitation de morceaux très simples en prose et en vers préalablement expliqués.

2° A des exercices écrits en dehors de ceux qui auront pour objet spécial des applications grammaticales particulières.

Ils comprendront :

A. — Dictées graduées d'orthographe usuelle et d'orthographe de règles.

B. — Explication du sens des mots et des phrases de la dictée d'orthographe et de la leçon de lecture qui offrent quelque difficulté.

C. — Composition de petites phrases avec des éléments donnés.

D. — Exercices d'analyse grammaticale le plus souvent orale, quelquefois écrite.

E. — Décomposition de la phrase en ses termes essentiels.

F. — Composition française. — Petites narrations, résumés de leçons de choses, d'histoire, de promenades pédagogiques, etc.

3° Une fois par semaine, lecture par le maître d'un morceau propre à intéresser les enfants. Explication de ce morceau.

## Cours moyen.

### Octobre.

Grammaire élémentaire. — Révision sommaire des notions préliminaires. — Les dix parties du discours ; *mots variables et mots invariables*. — Notions élémentaires sur la *proposition* et la *ponctuation*. — Révision du *nom*. — Genre et nombre. — Règle générale et exceptions relatives au pluriel des noms. — Exercices d'application. — Exercices sur les familles de mots : dérivés et composés.

### Novembre.

*Noms composés* : pluriel de ces noms. — *Article*. — *Adjectif*. — Exceptions à la règle générale de la formation du féminin et du pluriel dans les adjectifs. — Révision de la règle d'accord de l'adjectif avec le nom. — Règle d'accord de l'adjectif se rapportant à plusieurs noms. — Exercices d'application. — Exercices sur les familles de mots.

DÉCEMBRE

Adjectif déterminatif. — Règle de *vingt*, *cent*, *mille*, *nu*, *demi*, *tout*, *même*, *quelque*. — Exercices d'application. — Exercices sur les familles de mots.

JANVIER.

Différentes sortes de *pronoms*. — Règle d'accord du pronom. — Exercices d'application. — Exercices sur les familles de mots. — *Verbe*. — Révision des premières notions. — Radical et terminaison. — Conjugaison.

FÉVRIER.

*Verbe*. — Observations sur les verbes des quatre conjugaisons. — Formation des temps : temps primitifs et temps dérivés. — Accord du verbe avec son sujet. — Exercices d'application et de permutation.

MARS.

*Verbe*. — Verbes irréguliers des quatre conjugaisons. — Remarques sur l'accord du verbe avec son sujet. — Conjugaisons par phrases. — Exercices d'application et de permutation.

AVRIL.

*Verbe*. — Principales espèces de compléments; différentes sortes de verbes. — *Participe présent*. — *Participe passé*. — Règle générale d'accord. — Nombreux exercices d'application. — Conjugaison par phrases. — Exercices de permutation. — Révision générale du trimestre.

MAI.

Participe passé (suite). — Adverbe.

JUIN.

*Préposition.* — *Conjonction.* — *Interjection.* — *Ponctuation.* — Homonymes. — Synonymes. — Exercices d'application. — Exercices sur les familles de mots.

JUILLET-AOUT

Révision générale des matières étudiées pendant toute l'année scolaire.

*Observations.*

Pendant toute l'année les élèves sont soumis :

1° A des exercices oraux variés tels que :

A. — Interrogations grammaticales.

B. — Elocution et prononciation.

C. — Reproduction de récits faits de vive voix.

D. — Résumés de morceaux lus en classe.

E. — Exercices sur les synonymes, les homonymes, les familles de mots, les principaux préfixes et suffixes.

F. — Exercices de mémoire : récitation de fables, de petites poésies, de quelques morceaux de prose dont le sens a été préalablement expliqué.

2° A des exercices écrits en dehors de ceux qui ont pour objet des applications grammaticales particulières, savoir :

A. — Dictées prises dans de bons auteurs et sans recherche de difficultés grammaticales.

B. — Exercices d'invention et de construction de phrases.

C. — Résumés de leçons de choses, d'histoire de France de morceaux lus en classe ou à domicile. — Exercices de composition française sur des sujets simples, à la portée des enfants. — Lettres pratiques.

Pendant toute l'année auront lieu des exercices d'analyse comprenant :

A. — Analyse grammaticale, surtout orale, de phrases tirées de l'exercice dans lequel la leçon de grammaire a été expliquée.

B. — Analyse logique bornée aux distinctions fondamentales.

Une fois par semaine, lecture à haute voix par le maître de morceaux choisis dans nos bons auteurs.

## Cours supérieur.

### Octobre.

Objet de la *syntaxe*. — Etude de la *proposition*. — Termes essentiels : sujet, verbe, attribut. — Complément. — Proposition principale. — Proposition subordonnée. — Proposition incidente. — Phrases. — Exercices d'analyse logique en s'en tenant aux principes fondamentaux. — Révision des règles de la ponctuation.

### Novembre.

*Nom.* — Etude des principales difficultés que présentent le genre et le nombre de certains noms. — Pluriel des noms propres. — Pluriel des noms empruntés aux langues étrangères et des noms composés. — Exercices d'application. — Exercices d'étymologie.

### Décembre.

*Article.* — Emploi et suppression de l'article. — *Adjectif* : fonction, place et compléments des adjectifs. — Révision des règles d'accord de l'adjectif. — Noms employés adjectivement. — Adjectifs employés adverbialement. — Exercices d'application. — Exercices d'étymologie usuelle et de dérivation. — Révision générale du trimestre.

### Janvier.

Syntaxe des adjectifs déterminatifs. — Emploi et accord des adjectifs démonstratifs, possessifs, numéraux et indéfinis. — Exercices d'application. — Exercices d'étymologie usuelle et de dérivation.

### Février.

*Pronom.* — Emploi des pronoms en général ; principales remarques auxquelles donnent lieu la construction ou l'accord des pronoms personnels, démonstratifs, relatifs et indéfinis. — Exercices d'application. — Exercices d'étymologie usuelle et de dérivation.

### Mars.

*Verbe.* — Accord du verbe avec son sujet ; principales exceptions à la règle générale. — Compléments des verbes. — Emploi des auxiliaires. — Cas difficiles relatifs à certains verbes irréguliers. — Exercices d'application. d'étymologie usuelle et de dérivation. — Révision générale d. trimestre.

### Avril.

*Verbe* (suite). — Révision du cours moyen en ce qui concerne la formation des temps et les différentes sortes de verbes ; emploi des modes et des temps. — *Participe présent*, adjectif verbal. — Règles générales et remarques particulières sur l'accord du *participe passé*. — Nombreux exercices d'application. — Exercices d'étymologie usuelle et de dérivation.

### Mai.

*Participe passé* (suite).

### Juin.

*Mots invariables.* — Principales remarques auxque'' donne lieu l'emploi des mots invariables. — Exercices d'application. — Signes orthographiques.

### Juillet-Aout.

Révision générale des matières étudiées pendant toute l'année scolaire.

### *Observations.*

Pendant toute l'année, les élèves sont soumis :

1° A des exercices oraux variés, tels que :

A. — Exercices d'élocution.

B. — Comptes rendus de lecture, de leçons, de promenades, d'expériences, etc.

C. — Exposé de vive voix par l'élève, d'un morceau historique ou littéraire qu'il a été chargé de lire ou d'analyser.

D. — Exercices de mémoire : récitation expressive de morceaux choisis, en prose et en vers, de dialogues, de scènes empruntés à nos grands écrivains, le tout expliqué au préalable.

2° A des exercices écrits en dehors de ceux qui auront pour objet spécial des applications grammaticales particulières, savoir :

A. — Dictées prises dans les auteurs et sans recherche de difficultés grammaticales.

B. — Exercices sur la dérivation et la composition des mots, sur l'étymologie, sur les synonymes, les homonymes, les familles de mots, les principaux préfixes et suffixes.

C. — Exercices de composition française sur des sujets simples. — Comptes rendus de leçons et de lectures. — Lettres pratiques, baux, quittances, pétitions, etc.

Pendant toute l'année auront lieu des exercices d'analyse comprenant :

A. — Questions d'analyse grammaticale relatives à l'exercice d'application de la leçon de grammaire.

B. — Exercices oraux d'analyse logique.

Une fois par semaine, lecture par le maître avec le concours des élèves, d'un morceau ayant trait à des sujets littéraires, dramatiques, historiques. — Le maître donnera des notions biographiques et littéraires sur l'auteur.

## HISTOIRE.

Dans les écoles à un seul maître, les leçons seront communes aux cours préparatoire et élémentaire : toutefois, sur la demande de l'instituteur ou de l'institutrice, et sous réserve de l'approbation de l'Inspecteur primaire, le cours élémentaire pourra être réuni au cours moyen. A cette occasion, il convient de remarquer que, lorsque deux divisions sont réunies, la leçon doit toujours s'adresser à la division inférieure.

Il ne sera pas mis d'ouvrage d'histoire entre les mains

des élèves du cours préparatoire. Le livre sera toléré comme *memento* dans le cours élémentaire. Il est admis encore comme *memento* dans le cours moyen et le cours supérieur ; mais il ne dispensera jamais le maître de faire l'exposition de la leçon.

Toutes les fois que la leçon s'y prêtera, le maître indiquera sur une carte tracée au tableau noir, et que les élèves reproduiront, tous les lieux historiques dont il aura été question.

Chaque leçon sera suivie d'un devoir écrit destiné à mieux fixer ce qui aura été étudié.

Il sera, s'il y a lieu, dressé un tableau synoptique. Les enfants devront connaître la date des principaux évènements. Il est utile de faire tracer par chaque élève, un tableau de ces dates importantes.

Le même tableau, en caractères visibles, sera affiché dans la classe.

Pour le cours moyen et le cours supérieur, trois procédés d'enseignement paraissent applicables :

1° L'exposé oral par le maître de la leçon qui, résumée d'une façon claire et précise dans un manuel mis entre les mains des élèves, est ensuite étudiée par eux ;

2° L'exposé oral, fait par le maître et suivi, à défaut de livre, d'un résumé de la leçon relevé sur un cahier ou carnet spécial, tenant lieu de manuel. Ce résumé est également appris par les élèves ;

3° De temps en temps, et lorsque la leçon s'y prête, le maître peut, après un exposé succinct de la leçon, lire ou faire lire par les élèves quelques passages du manuel ou de tout autre livre d'histoire, en accompagnant cette lecture des explications et commentaires qu'elle comporte.

A la fin de chaque mois, il y aura une révision de toutes les matières vues.

Dans les leçons, lorsqu'il y aura lieu, on insistera sur les faits se rattachant à l'histoire locale.

Dans le cours préparatoire et le cours élémentaire, les leçons consisteront en anecdotes, biographies, récits de grands faits empruntés à l'histoire nationale. Ces récits revêtiront le cachet pittoresque et dramatique qu'il faut pour intéresser les jeunes enfants. Ils parleront à l'imagination et iront au cœur des élèves pour en exalter les nobles sentiments et y laisser une impression durable de patriotisme.

On ne manquera jamais, toutes les fois qu'on le pourra, de faire usage des images, des tableaux coloriés ou lithographiés qui parlent aux yeux des enfants et qui sont comme la représentation vivante des faits.

La leçon sera résumée en quelques mots clairs et faciles à retenir, que les élèves du cours élémentaire pourront retrouver et apprendre par cœur dans leur livre.

Dans les cours moyen et supérieur, on complétera, en la revisant d'une manière méthodique, l'étude faite dans le cours élémentaire. Les leçons seront présentées de telle sorte que l'enfant acquière l'idée nette de la société, de son organisation, de ses conditions d'existence et de progrès ; qu'il voie comment la France est tombée, comment elle a ensuite réparé ses malheurs et s'est toujours relevée par le travail, de telle sorte que cet enseignement soit bien la leçon du passé au profit de l'avenir.

### Cours préparatoire.

#### Octobre.

La Gaule. — Les Gaulois. — Conquête de la Gaule par les Romains. — Résistance des Allobroges. — Vercingétorix. — Attila et Sainte-Geneviève. — Clovis et Clotilde. — Soissons. — Tolbiac. — Charles Martel à Poitiers. — Charlemagne et les écoles.

#### Novembre.

Démembrement de l'empire carlovingien. — Traité de Verdun. — Séparation de la Savoie (843). — Les Normands à Paris. — Le seigneur, l'évêque et les moines. — Le serf, le château féodal, l'abbaye, la cabane du serf. — Les croisades, Pierre l'Ermite, les chevaliers et Godefroy de Bouillon. — Saint-Louis.

#### Décembre.

La guerre de Cent ans. — Les canons de Crécy. —

Poitiers, Azincourt. — Du Guesclin et Jeanne d'Arc. — Bayard.

JANVIER.

Révision des leçons du premier trimestre. — Henri IV et Sully. — Richelieu et La Rochelle.

FÉVRIER.

Louis XIV enfant. — Rocroi, Fribourg, Condé. — Turenne. — Louis XIV au parlement. — Grande misère. — Fénelon, La Fontaine, Jean Bart.

MARS.

Louis XV. — Le chevalier d'Assas. — Montcalm. — Louis XVI et Marie-Antoinette. — La Fayette. — Révision.

AVRIL.

La Révolution. — Les trois ordres de la nation. — Le Tiers-Etat. — Le Serment du jeu de Paume. — La Bastille. — La Fédération. — Le drapeau tricolore.

MAI.

Les volontaires de 1792. — Viala. — Barra. — La Tour d'Auvergne. — Première annexion de la Savoie à la France. — Napoléon Ier. — Les guerres de l'Empire. — La campagne de Russie. — Waterloo.

JUIN.

Prise d'Alger. — Napoléon III. — Annexion définitive de la Savoie à la France. — La campagne de 1870. — Sedan. — La République.

JUILLET. — AOUT.

Révision générale.

**Cours élémentaire.**

(Même programme que pour le cours préparatoire).

## Cours moyen.

### Octobre.

Révision rapide de ce qui a été vu dans le cours élémentaire, jusqu'à la guerre de Cent ans.

### Novembre.

Révision du programme du cours élémentaire (suite). — La guerre de Cent ans. — Philippe de Valois et Jean le Bon. — Edouard III, roi d'Angleterre. — Crécy, Poitiers. — Etats généraux (1356). — Etienne Marcel. — Charles V et Du Guesclin. — Charles VI. — Les Armagnacs et les Bourguignons. — Azincourt. — Traité de Troyes. — Charles VII. — Jeanne d'Arc. — Expulsion des Anglais.

### Décembre.

Le triomphe du pouvoir royal sur la féodalité. — Institutions de Charles VII. — Géographie politique de la région française à l'avènement de Louis XI. — Retour sur l'histoire de la Savoie depuis 843 ; Fondation du duché de Savoie (1416). — Louis XI et Charles le Téméraire. — Ruine de la maison de Bourgogne. — Minorité de Charles VIII. — M^me^ de Beaujeu. — Les guerres d'Italie. — Gaston de Foix. — Charles VIII à Naples. — Louis XII : conquête du Milanais. — Ravenne. — François I^er^ à Marignan. — Bayard. — Rivalité avec Charles-Quint. — Occupation de la Savoie par les troupes françaises (1534-1559). — Henri II. — Bataille de Saint-Quentin gagnée par le duc de Savoie, Philibert-Emmanuel, à la tête des troupes impériales. — Paix de Cateau-Cambrésis. — Les ducs de Savoie à Turin. — La Renaissance. — L'imprimerie. — Marot. — Rabelais. — Ronsard. — Montaigne. — Châteaux : *Fontainebleau*, *Chambord*, le *Louvre*. — Les artistes : Germain Pilon, Philibert Delorme, etc., etc., La Renaissance savoisienne. — Révision des matières étudiées dans le trimestre.

JANVIER.

La Réforme. — Luther. — Calvin. — François II et Marie Stuart. — Les guerres de religion. — Conjuration d'Amboise. — Catherine de Médicis. — Guise, Condé, l'Hôpital et les politiques. — Coligny. — La Saint-Barthélemy. — Henri III. — Les Guises et la Ligue — Henri IV. — Arques. — Ivry. — Siège de Paris. — Edit de Nantes et paix de Vervins. — Traité de Lyon : cession par le duc de Savoie du pays de Gex, du Valromey et du Bugey. — La monarchie absolue, les Bourbons. — Henri IV et Sully. — Louis XIII et Richelieu. — Les grands, les protestants. — Seconde période de la guerre contre la maison d'Autriche : guerre de Trente ans, période française. — Minorité de Louis XIV. — Condé, Turenne, Mazarin. — Anne d'Autriche. — Traités de Westphalie.

FÉVRIER.

La Fronde. — Traité des Pyrénées. — Gouvernement personnel de Louis XIV. — Colbert, Louvois, Vauban. — Guerre de Dévolution. — Traité d'Aix-la-Chapelle. — Guerre de Hollande. — Duquesne. — Traité de Nimègue. — Apogée de la grandeur de Louis XIV. — Révocation de l'édit de Nantes. — Ligue d'Augsbourg. Guillaume d'Orange. — Luxembourg. — Tourville, Jean-Bart. — Traité de Ryswick. — Guerre de la succession d'Espagne. — Vendôme, Villars, Denain. — Traités de Rastadt et d'Utrecht. — *Les grands hommes du* XVII*e siècle.* — Malherbe, Corneille, Racine, Molière, La Fontaine, Boileau, Descartes, Bossuet, Fénélon, Mme de Sévigné, Mariotte, Denis Papin, Lesueur, Lebrun, Mignard, Lenôtre, Sully, etc., Académies. — Etat de la France en 1715.

MARS.

Les successeurs de Louis XIV. — Louis XV. — Le Régent. — Law. — Guerre de la succession de Pologne. — Guerre de la succession d'Autriche. — Fontenoy. — Le maréchal de Saxe. — Paix d'Aix-la-Chapelle. — Guerre de sept ans. — Montcalm. — Dupleix. — Traité de Paris. — Choiseul. — Pacte de famine. — Meaupou. —

Terray. — Suppression des parlements. — Lettres, sciences et arts : Voltaire, Rousseau, Montesquieu, etc. — Louis XVI. — Turgot. — Guerre d'Amérique. — La Fayette. — Necker. — Convocation des Etats généraux. — Révision des matières étudiées dans le trimestre.

### Avril.

La Révolution française. — Les Etats-généraux. — Les cahiers. — *L'Assemblée nationale constituante.* — Prise de la Bastille. — Le drapeau tricolore. — La Fayette. — Nuit du 4 août. — Journées des 5 et 6 octobre. — Mort de Mirabeau. — Fuite du roi. — Constitution de 1791. — *L'Assemblée legislative.* — Les Girondins. — Dumouriez. — Expédition aux Pays-Bas. — Journée du 20 juin — Manifeste de Brunswick. — Journée du 10 août. — Prise de Verdun. — Massacres de Septembre. — Victoire de Valmy. — *Convention nationale.* — Les Montagnards. — Procès et exécution de Louis XVI. — Lutte entre la Gironde et la Montagne. — Tribunal révolutionnaire. — Comité du Salut public. — Insurrection en Vendée. — La Terreur, Danton, Robespierre. — Le 9 Thermidor. — Le 13 Vendémiaire. — Jemmapes. — Réunion de la Savoie à la France (1792). — Les généraux Hoche, Marceau, Kléber, Moreau. — Conquête de la Hollande. — Pacification de la Vendée. — Institutions. — Réformes de la Convention.

### Mai.

Le *Directoire.* — Bonaparte. — Campagne de Bonaparte en Italie. — Ses victoires. — Traité de Campo-Formio. — Expédition d'Egypte. — Prise de Malte. — Batailles des Pyramides et d'Aboukir. — Siège de Saint-Jean-d'Acre. — Retour de Bonaparte. — Coalition de 1799. — Zurich. — Coup d'Etat du 18 brumaire. — Le *Consulat.* — Organisation administrative de la France. — Marengo, Hohenlinden. — Paix de Lunéville. — Le Concordat. — Perte de l'Egypte et de Malte. — Paix d'Amiens. — Prospérité de la France. — Jalousie de l'Angleterre. — Le consulat à vie. — *L'Empire.* — Austerlitz. — Paix de Presbourg. — Iéna. — Eylau. — Friedland. — Paix de Tilsitt. — Blocus continental. — Apogée de la puissance de Napoléon. — Grands travaux. — Intervention en Espagne. — Campagne de Wagram. — Eckmühl. — Wagram. — Traité de Vienne. — Mariage de Napoléon avec Marie-Louise. — Campagne de Russie. — La Moskowa. — Incendie de Moscou. — La Bérézina. — Le maréchal Ney. — Campagne d'Allemagne. — Lutzen, — Bautzen, Dresde. — Mort de Moreau. — Leipzig. — Hanau. — Campagne de France. — Saint-Dizier, Champaubert, Montmirail, Laon, Arcis-sur-Aube. — Capitulation de Paris. — Abdication de Napoléon. — L'île d'Elbe. — Retour des Bourbons. — Leurs fautes. — Les Cent jours. — Waterloo. — Traité de Paris.— Seconde séparation de la Savoie. — Sainte-Hélène.

JUIN.

La deuxième Restauration. — Louis XVIII. — La Terreur blanche. — Expédition en Espagne. — Charles X, son but. — Expédition de Grèce. — Expédition d'Alger. — Violation de la Charte — La Révolution de 1830. — Gouvernement de Juillet. — Louis-Philippe Ier et son gouvernement. — Loi de 1833. — Conquête de l'Algérie. — Prise de Constantine et de la Smala. — Bataille de l'Isly — Soumission d'Abd-el-Kader. — Principaux ministres. — Révolution de 1848. — Le suffrage universel. — L'Assemblée constituante et l'Assemblée législative. — Le prince Louis-Napoléon Bonaparte, président. — Coup d'Etat du 2 décembre 1851. — Le Second Empire. — Guerre de Crimée. — Traité de Paris. — Guerre d'Italie : Magenta, Solférino.— Préliminaires de Villafranca. — Traité de Zurich. — Réunion définitive de la Savoie à la France. — Expédition du Mexique. — Guerre contre l'Allemagne. — Nos désastres. — Wissembourg, Reischoffen, Sedan, capitulation de Strasbourg et de Metz. — Siège et capitulation de Paris. — Préliminaires de Versailles. — Traité de Francfort. — La troisième République. — Constitution de 1875.

JUILLET ET AOUT.

Révision générale.

## Cours supérieur.

Le programme d'histoire du cours supérieur comprend :

1° Des notions très sommaires de l'histoire générale sur les peuples anciens et sur les grands évènements du moyen-âge et des temps modernes étudiés surtout dans leurs rapports avec l'histoire de France ;

2° Une révision méthodique de l'histoire nationale avec une étude plus développée de la période moderne et contemporaine.

Ce qu'il importe surtout :

1° C'est de montrer par l'exposé simple et clair des notions d'histoire ancienne, qu'il a existé en dehors de notre pays et dans les temps reculés, des peuples qui ont eu leurs pages brillantes dans l'histoire de la civilisation ; c'est de tracer à grands traits le tableau des peuples antiques en montrant leur religion, leurs mœurs, leur caractère particulier, leurs relations, ce que chacun d'eux a fait dans les sciences, les lettres et les arts pour les progrès de la civilisation et d'en dégager les grandes idées de tolérance et de moralité qui élargissent le cœur et l'esprit ;

2° De faire connaître, dans l'exposé sobre et méthodique de l'histoire moderne, le rôle que la France a joué dans ses rapports avec les autres nations ;

3° D'indiquer, dans l'étude plus approfondie de la période contemporaine, les transformations que notre pays a subies depuis un siècle et de donner ainsi la raison de notre état social actuel.

### Octobre.

Simples entretiens sur les Egyptiens, les Assyriens, les Babyloniens, les Grecs et les Romains.

### Novembre.

Période Gallo-Romaine. — Période Mérovingienne. — Clovis et ses successeurs. -- Les maires du palais. — Loi salique : condition des personnes et des terres. —

Charles Martel à Poitiers. — *Mahomet.* — *L'Islamisme.* — *Invasion des Arabes.* — Pépin le Bref. — Charlemagne. — Louis le Débonnaire. — Traité de Verdun. — Les Normands. — Démembrement de l'empire de Charlemagne.

DÉCEMBRE.

La féodalité en France et en Europe. — Les Capétiens. — Formation du pouvoir royal. — Conquêtes des Normands en Italie et en Angleterre. — Fondation du royaume de Portugal. — Les Croisades, les ordres militaires. — *Lutte du sacerdoce et de l'Empire.* — Louis le Gros. — Louis VII et Suger. — Philippe-Auguste et Richard-Cœur-de-Lion. — Jean-sans-Terre. — Saint-Louis et ses institutions. — Philippe-le-Bel et ses fils. — Les légistes ; les premiers états-généraux.

JANVIER.

La guerre de Cent ans. — *Chute de l'Empire d'Orient.* — Triomphe du pouvoir royal sur la féodalité. — Institutions de Charles VII. — Louis XI et Charles-le-Téméraire; administration de Louis XI. — Charles VIII et Anne de Beaujeu. — Etats généraux de Tours — *Angleterre : Guerre des deux roses.* — *Les Tudors.* — *Espagne.* — *Ferdinand et Isabelle.* — *Conquête du royaume de Grenade.* — Grandes découvertes et grandes expéditions maritimes. — Christophe Colomb, Vasco de Gama. — Les guerres d'Italie. — L'Equilibre européen. — François I<sup>er</sup> et Charles-Quint. — La Renaissance, la Réforme. — Les Espagnols, les Portugais et les Français en Amérique.

FÉVRIER.

La monarchie absolue. — Henri IV, Sully. — Louis XIII. — Richelieu. — Guerre de Trente ans. — Condé, Turenne. — *Angleterre : les Stuarts.* — *Cromwell.* — Louis XIV, Anne d'Autriche. — Mazarin. — La Fronde. — Mazarin et l'Espagne. — Traité des Pyrénées.

MARS.

Gouvernement personnel de Louis XIV : politique extérieure. — Guerres : de Dévolution, de Hollande, de la ligue d'Augsbourg, de la succession d'Espagne. — Condé, Turenne, Duquesne, Luxembourg, Villars. — Les traités. — Gouvernement intérieur. — Colbert. — Louvois. — Révocation de l'édit de Nantes. — Etat de la France en 1715. — Louis XV, la Régence, Law. — Fleury. — Succession de Pologne et d'Autriche. — Guerre de Sept ans. — Choiseul. – Partage de la Pologne. — Ecrivains et philosophes du XVIIIe siècle. — Louis XVI, Turgot. — Guerre d'Amérique : Franklin, La Fayette.

AVRIL.

La Révolution française. — Les états-généraux. — Assemblée constituante, assemblée législative. — Première coalition. — Le 10 août 1792. — La Convention. — Evènements intérieurs. — Procès de Louis XVI. — Les Girondins et les Montagnards. — La Vendée. — Le 9 thermidor. — Guerres : Valmy, Jemmapes, etc. — Directoire. — Bonaparte en Italie. — Expédition d'Egypte.

MAI.

Le Consulat : organisation administrative ; Légion-d'Honneur ; concordat : deuxième campagne d'Italie. — Paix de Lunéville. — Paix d'Amiens. — L'Empire. — Coalition de l'Europe. — Campagnes d'Allemagne et de Prusse. — Expédition de Russie. — Campagne de France. — Première restauration. — Louis XVIII. — Les Cent jours. Waterloo. — Deuxième restauration. — Traité de Paris. — Charles X. — Affranchissement de la Grèce. — Prise d'Alger. — Les ordonnances, les journées de Juillet.

JUIN.

Gouvernement de Juillet. — Louis-Philippe Ier. — La Charte. — Prise d'Anvers. — Conquête de l'Algérie ; prise de Constantine ; soumission d'Abd-el-Kader. — Ministres de Louis-Philippe. — Révolution de Février

1848. — Le second Empire. — Guerres : de Crimée, d'Italie, du Mexique, contre la Prusse. — Troisième République. — Lettres, sciences, arts dans la première moitié du XIXe siècle. — Découvertes, institutions, commerce, industrie, instruction. — Traité de Francfort. — Divisions actuelles de l'Europe.

JUILLET. — AOUT.

Révision générale.

## GÉOGRAPHIE.

L'enseignement de la géographie sera rendu aussi intuitif que possible.

Le maître s'attachera d'abord à faire comprendre aux enfants, par l'observation attentive des accidents géographiques qu'ils ont sous les yeux, autour de l'école, dans la commune, dans le canton, dans le département, la signification exacte des différents termes de la nomenclature géographique.

Les premières leçons se donneront donc en plein air, dans la cour de l'école, — souvent dans les promenades scolaires.

Les points cardinaux seront trouvés par les élèves eux-mêmes d'après la position du soleil.

L'emploi des cartes en relief est recommandé.

Les exercices cartographiques pourront commencer dès le cours préparatoire.

La leçon se fera toujours sur une carte tracée au tableau noir qu'on placera, surtout au commencement, dans une position horizontale.

Les livres-atlas, proscrits dans le cours préparatoire, sont admis dans les autres cours.

## Cours préparatoire.

Dans les écoles à un seul maître, les leçons seront communes aux cours préparatoire et élémentaire ; toutefois, sur la demande de l'instituteur ou de l'institutrice, et sous réserve de l'approbation de l'Inspecteur primaire, le cours élémentaire pourra être réuni au cours moyen.

L'enseignement consistera surtout en causeries familières et petits exercices servant à éveiller l'esprit d'observation chez les enfants ; les leçons doivent être de véritables leçons de choses.

### Octobre.

La classe et l'école. — Plan de l'école. — Exercices nombreux d'orientation. — Les quatre points cardinaux. — La localité que l'on habite : quartiers, édifices. — Orientation par rapport à l'école. — Population, commerce, industrie.

### Novembre.

Le canton. — Carte avec communes. — L'arrondissement. — Carte avec cantons.

### Décembre.

Le département. — Carte avec arrondissements. — Simple indication de la France, de l'Europe et des cinq parties du monde. — Nombreux exercices d'orientation sur la carte.

### Janvier.

Notions générales données à l'aide du globe sur la forme de la terre. — Le jour et la nuit. — Les continents et les mers. — Races d'hommes ; en faire voir les types. — Montrer sur la carte les régions qu'elles habitent. — Peuples civilisés et peuples sauvages. — Récits sur les mœurs des peuples sauvages.

FÉVRIER.

La mer. — Etendue de la mer comparée à celle de la terre. — Les grands océans. — Les mers qui baignent la France et les grandes mers qui baignent l'Europe. — Côtes, falaises, dunes. — Les pins maritimes et les hoyas. — Brémontier. — Rochers, récifs, îles, archipels, presqu'îles, golfes et caps. — Grands marins explorateurs. — Christophe Colomb. — La Pérouse.

MARS.

Récits d'aventures : Robinson-Crusoé. — La pêche. — Un port de mer. — La rivière, source, rive droite et rive gauche ; affluent, confluent, fleuve. — Les cinq grands fleuves de France.

AVRIL.

La vallée. — Coteau, colline, montagne, volcan, lave, — Les Alpes. — Le Saint-Bernard et les chiens du mont Saint-Bernard. — Les Pyrénées. — Le Vésuve.

MAI.

Géographie agricole (leçons de choses). — Désignation des centres français de production : céréales, pommes de terre, betteraves à sucre ; plantes textiles, oléagineuses, etc.

JUIN.

Géographie industrielle (leçons de choses). — Désignation des centres français de production : le fer, la toile, le coton, la dentelle, le papier, la laine, la soie, le vin, etc.

JUILLET. — AOUT.

Révision générale.

## Cours élémentaire.

Comme dans le cours préparatoire, l'enseignement sera tout à fait intuitif. Le maître partira d'objets ou de faits déjà vus des enfants pour passer, par voie d'analogie, du connu à l'inconnu. — Le programme de ce cours n'est que le programme développé du cours préparatoire.

### Octobre.

La classe et l'école. — Plan de l'école. — Exercices nombreux d'orientation. — La boussole. — Points cardinaux et points intermédiaires. — La localité que l'on habite. — Principaux quartiers et édifices. — Leur situation au point de vue de l'orientation par rapport à l'école. — Population. — Commerce. — Industrie.

### Novembre.

Les grandes villes de France. — Le canton. — Production ; commerce ; industrie (carte avec communes). — L'arrondissement. — Production ; commerce ; industrie (carte avec cantons).

### Décembre.

Le département. — Production ; commerce ; industrie. — Carte avec arrondissements. — La France et ses départements.

### Janvier.

Notions générales données à l'aide du globe sur la forme de la terre. — Le jour et la nuit. — Les climats et les saisons. — Pôles. — Equateur. — Méridien. — Les continents et les mers. — Races d'hommes ; en montrer les types. — Indiquer sur la carte les régions qu'elles habitent. — Les peuples civilisés et les peuples sauvages. — Récits sur les mœurs et coutumes des peuples sauvages.

### Février.

La mer. — Etendue de la mer. — Les grands océans. — Les mers qui baignent la France et les grandes mers qui baignent l'Europe. — Côtes, falaises, dunes. — Les pins maritimes. — Les hoyas. — Brémontier. — Rochers, récifs, iles, archipels, presqu'iles, golfes, caps. — Grands marins et explorateurs. — Christophe Colomb. — Vasco de Gama, Magellan, La Pérouse.

### Mars.

Récits d'aventures. — Robinson dans son ile. — L'istime de Suez et Ferdinand de Lesseps. — Marais salants. — La pêche. — Principales pêches. — La marée. — Le flux et le reflux. — Un port de mer. — Les grands ports de France. — Rivière ; source, rive droite, rive gauche, amont et aval, affluent et confluent, embouchure, — Les cours d'eau du département. — Les grands fleuves de France.

### Avril.

La vallée ; colline, coteau, montagne, volcan, lave. — Les Pyrénées, les Alpes, le Saint-Bernard, les chiens du Saint-Bernard. — Les Cévennes, les Vosges et le Jura.

### Mai.

Etude de la France par provinces et par départements avec leurs chef-lieux. — Régions du Nord, de l'Est, de l'Ouest, du Sud et du Centre.

### Juin.

La France agricole. — Les régions agricoles et leurs productions. — La France industrielle (leçons de choses). — Désignation des centres français de production. — Carte de la France industrielle : houille, fer, sucre, toile, coton, dentelle, papier, soie, vin.

### Juillet. — Aout.

Révision générale.

## Cours moyen.

L'enseignement comprendra dans ce cours :

1° Quelques notions de géographie générale, particulièrement de l'Europe :

2° L'étude du département et de la France.

On ne se bornera pas à une sèche nomenclature de noms, mais la leçon sera vivifiée par des descriptions et des aperçus intéressants. Elle sera toujours exposée par le maître, — sur la carte tracée au tableau noir, — avant d'être donnée à étudier. On montrera les rapports qui existent entre la constitution physique du sol et les conditions économiques.

Les élèves seront fréquemment exercés au tracé des cartes sur le tableau noir et sur le papier. Des voyages par eau, en chemin de fer, etc., seront l'objet de nombreux exercices oraux ou écrits.

### Octobre.

Grandes divisions du globe. — *Asie, Afrique, Amérique, Océanie.* — Quelques notions de géographie physique et politique sur ces quatre parties du monde.

### Novembre.

L'*Europe.* — Géographie physique : mers, côtes, îles, fleuves, lacs, montagnes, ligne de partage des eaux, etc. — Géographie politique. — Contrées, population, villes principales, ports, principales productions, etc.

### Décembre.

*Département de la Haute-Savoie.* — Géographie physique : situation, limites. — Configuration. — Superficie.

*France.* — Géographie physique. — Situation. — Limites. — Configuration. — Superficie. — Description du littoral.

JANVIER.

*Département de la Haute-Savoie.* — Relief du sol. — Climat, température ; vents dominants.

*France.* — Orographie. — Relief du sol. — Chaînes de montagnes. — Massifs. — Régions de montagnes, régions des plaines. — Vents dominants. — climat, température.

FÉVRIER.

*Le département.* — Cours d'eau.

*France.* — Versants de la mer du Nord, de la Manche, de l'Océan Atlantique, de la Méditerranée.

MARS.

*Le département.* — Histoire. — Formation territoriale. — Arrondissements et cantons. — Principales localités.

*France.* — Géographie politique. — Frontières. — Formation territoriale. — Défenses naturelles. — Places fortes, ports militaires. — Races, langues, religions.

AVRIL.

Anciennes provinces. — Départements et arrondissements. — Principales localités.

MAI.

*Département de la Haute-Savoie.* —Nature des terrains. Céréales, pommes de terre. — Plantes textiles, oleagineuses. — Tabac. — Prairies naturelles, artificielles, fruits, bois et forêts. — Animaux.— Industrie extractive ; carrières et mines ; commerce. — Voies de communication : routes, chemins de fer.

*France.* — Géographie économique. — Agriculture ; régions agricoles. Les végétaux (plantes alimentaires, oléagineuses, industrielles) ; les animaux. — Industrie. — Industrie extractive : carrières et mines.— Commerce. — Voies de communication : routes, canaux, chemins de fer. — Navigation maritime. — Commerce extérieur et intérieur.

JUIN.

Colonies. — Algérie, etc. — Administration communale et départementale. — Gouvernement central. — Services publics. - Travaux publics. — Ponts et chaussées. — Mines. — Eaux et forêts. — L'armée, la marine, les finances, la justice, l'instruction, les cultes, etc.

JUILLET-AOUT.

Révision générale.

## Cours supérieur.

Ce cours comprendra :

1° Une révision avec développements de la géographie de la France, des colonies et du département ;

2° Géographie physique et politique de l'Europe ;

3° Géographie plus sommaire des autres parties du monde. Les leçons seront descriptives : on ne s'en tiendra pas à la nomenclature seule. Le maître fera la leçon au tableau noir sur un croquis dessiné par lui et que les élèves reproduiront.

Exercices nombreux de cartographie à main levée, simples et rapides. — Révision mensuelle.

OCTOBRE.

Les grandes divisions géologiques. — Les continents. — Relief du sol. — Les montagnes. — Les plaines. — Les vallées et les côtes. — L'océan : les grandes divisions de la mer. — Les marées. — Les courants. — Les grands fleuves et les lacs. — Monde connu des Anciens. — Les découvertes des XVe, XVIe et XVIIe siècles.

NOVEMBRE.

Géographie physique, politique et économique de l'*Asie*, de l'*Afrique*.

*Pour chaque partie du monde étudier :*

1° *La géographie physique ; situation, superficie, côtes et îles principales. — Orographie et hydrographie. — Climat.*

2° *Géographie politique : États et villes principales.*

3° *Géographie économique, productions animales, végétales et minérales. — Voies de communication. Grands ports et grands centres de commerce.*

DÉCEMBRE.

Géographie physique, politique et économique de l'*Amérique* et de l'*Océanie*.

JANVIER.

*Europe.* — Situation. — Dimensions. — Température. — Climats. — Mers et littoral. — Orographie. — Chaînes de montagnes. — Hydrographie : fleuves et lacs. — Ethnographie : races, langues.

FÉVRIER-MARS.

Géographie particulière des contrées de l'Europe. Indiquer pour chacune d'elles les villes principales, les ports remarquables, les productions animales, végétales, minérales, industrielles, le commerce, les forces militaires, leur importance à ces divers points de vue, comparée à celle de la France.

AVRIL.

*La France et ses colonies.* — Révision. — Géographie physique. — Dimensions. — Superficie. — Aspect. — Littoral. — Orographie. — Hydrographie. — Géologie.

MAI-JUIN.

Géographie politique, économique. — Administration. — Révision de la *Haute-Savoie* dans le même ordre.

JUILLET-AOUT.

Révision générale.

## INSTRUCTION CIVIQUE.

Les leçons d'instruction civique seront communes aux cours préparatoire, élémentaire et moyen.

Indépendamment des leçons proprement dites, l'instruction civique sera enseignée d'une manière indirecte, surtout aux élèves des cours préparatoire et élémentaire. — Pour cela, le maître profitera des leçons de lecture, d'histoire, etc., de tout ce qui se passe autour de l'enfant pour faire pénétrer sans effort cet enseignement dans son esprit.

Un traité d'éducation civique peut être mis entre les mains des élèves des cours moyen et supérieur, sous la condition formelle que le maître ne sera pas dispensé de faire la leçon. Ce livre servira de *memento* et de deuxième livre de lecture.

Les leçons seront exposées aussi simplement que possible et suivies d'un résumé oral, puis d'un résumé écrit ; ce dernier sera dicté aux élèves. — On mettra, autant que faire se peut, les choses sous les yeux des enfants : budgets, registres de l'état civil, avertissements de contributions, etc.

De temps en temps, on proposera pour exercices de composition française des sujets empruntés à cet enseignement ; on demandera aux élèves des comptes rendus écrits, qui fixeront les notions acquises d'une manière durable dans leur mémoire.

### Cours moyen.

#### OCTOBRE.

On partira de l'idée de famille pour s'élever rapidement à celle de société et d'État. — Bienfaits de la société. — Gouvernement. — Constitution — Différentes formes de gouvernement. — Monarchie absolue. — Monarchie constitutionnelle. — Comparer ces diverses formes de gouvernement.

### Novembre.

Différence entre les expressions : race, nation, peuple. Etat. — Le citoyen français. — *Droits* garantis à tous les citoyens : égalité devant la loi. — Liberté individuelle, — Liberté du travail. — Liberté de conscience.

### Décembre.

Droit de propriété. — Droit de vote. — Suffrage universel. — Droit de voter l'impôt. — La souveraineté nationale. — Révision du trimestre.

### Janvier.

*Devoirs* imposés à tous les citoyens français. — *Obligation scolaire.* — Loi du 28 mars 1882 sur l'obligation scolaire. — Nécessité de s'instruire. — Enseignement primaire, enseignement secondaire, enseignement supérieur. — Fonctionnaires de l'enseignement.

### Février.

*Service militaire.* — Nécessité de ce service. — C'est un devoir rigoureux pour tous les citoyens. — Comment on est bon soldat. — Citer quelques exemples. — Tirage au sort. — Dispenses accordées à certaines classes d'individus. — Conseil de révision. — Armée active. — Réserve. — Armée territoriale. — Obligations en cas de changement de domicile. — La discipline militaire. — Les réfractaires. — Grades dans l'armée. — Armes différentes. — La médaille militaire et la légion d'honneur. — Recrutement de l'armée de mer. — Inscription maritime.

### Mars.

*L'impôt.* — Nécessité de l'impôt. — Budget de l'Etat, budget départemental, budget communal. — Division des impôts. — Contributions directes et contributions indirectes. — Impôt foncier, cadastre. — Impôt personnel et mobilier. — Impôt des portes et fenêtres. — Patentes. — Impôt des boissons. — Timbre. — Droit de mutation. — Douanes, octrois. — Monopoles établis au profit de l'Etat : tabac, allumettes, cartes à jouer, poudre. — Postes et télégraphes.

AVRIL.

*Administration*. — Communes. — Conseils municipaux. — Maires et adjoints. — Leurs attributions. — Listes électorales. — Budget de la commune — Arrondissements. — Sous-Préfet. — Conseil d'arrondissement. — Département. — Préfet. — Ses attributions. — Conseil général. — Conseil de préfecture.

MAI.

*Pouvoir législatif, exécutif et judiciaire. — Pouvoir législatif*. — Le Sénat. — Mode d'élection. — Ses attributions. — La Chambre des députés. — Mode d'élection. — Ses attributions.

*Pouvoir exécutif*. — Le Président de la République. — Mode de nomination. — Ses principales attributions.

JUIN.

Les Ministres. — Nombre de ministères. — Principales attributions.

*Pouvoir judiciaire*. — Justice de paix, tribunal civil de première instance. — Ministère public. — Juges. — Cour d'assises. — Jury. — Cour d'appel. — Cour de cassation.

JUILLET-AOUT.

Révision générale.

## Cour supérieur.

OCTOBRE.

Différence entre un gouvernement constitutionnel et un gouvernement absolu. — Les différentes constitutions qui ont régi la France depuis 1789. — Le Président de la République. — Durée de ses pouvoirs. — Ses attributions. — Le Sénat. — Ses attributions. — Sénateurs élus. — Sénateurs inamovibles. — La Chambre des députés, — Election. — Conditions d'éligibilité. — La loi. — Lois politiques. — Lois civiles. — Pénalités.

*Administration.*— Administration centrale.— Ministres. — Sous-Secrétaires d'Etat. — Responsabilité ministérielle. — Conseil d'Etat.

NOVEMBRE.

*Administration intérieure.* — Département. — Préfet. — Attributions. — Conseil général. — Attributions. — Conseil de préfecture. — Sous-Préfet. — Attributions.— Conseil d'arrondissement. — Commune. — Conseil municipal. — Maire, adjoints, attributions.

*Finances.* — Impôts : diverses espèces d'impôts. — Administration financière; trésoriers-payeurs généraux; receveurs particuliers, percepteurs, contrôleurs. — Répartiteurs.

DÉCEMBRE.

*Administration judiciaire.* — Tribunaux : Justice de paix. — Tribunaux de première instance. — Casier judiciaire. — Conseils de prud'hommes. — Tribunaux criminels. — Cours d'appel. — Cour de cassation. — Tribunaux militaires.

*Enseignement.* — Trois ordres d'enseignement. — Hiérarchie administrative. — *Armée.* — Nécessité d'une armée permanente.— Armée active.— Réserve de l'armée active. — Armée territoriale. — Réserve. — Tirage au sort. — Conseil de révision. — Principaux cas d'exemption.

JANVIER.

*Droit usuel.* — Droit public et administratif. — Droit civil. — Code civil. — L'état civil. — Les actes de l'état civil. — La protection des mineurs; tutelle, émancipation.

FÉVRIER.

La propriété. — Patrimoine. — Biens : meubles et immeubles. — Créances. — Rentes sur l'Etat. — Obligations. — Caractères de la propriété. — Contrat de vente, succession. — Testament. — Donation. — Usufruit. — La nue propriété. — Servitude. — Droit de passage, droit de vue.

MARS.

Hypothèques, inscription hypothécaire. — Droits hypothécaires. — Conservateur des hypothèques. — Purge des hypothèques. — Successions. — Ordre d'héritiers. — Testaments : authentiques, mystiques, olographes. — Legs. — Contrats. — Bail. — Prêt. — Caution.

AVRIL.

*Notions d'économie politique.* — Les besoins de l'homme. — La richesse. — Les forces productives. — La civilisation et ses bienfaits. — Nécessité du travail. — Le travail manuel et le travail intellectuel.

MAI.

Le capital. — La répartition des richesses. — Les salaires — Les grèves. — L'épargne. — Les caisses d'épargne. — L'organisation du travail. — La liberté du travail. — La division du travail.

JUIN.

La concurrence et l'association. — Les crédits et les banques. — Les voies de communication. — Le commerce. — Les Sociétés de prévoyance, de secours mutuels, de retraite.

JUILLET-AOUT.

Révision générale.

---

## ARITHMÉTIQUE

### CALCUL ET SYSTÈME MÉTRIQUE.

---

Un ouvrage d'arithmétique peut rendre des services aux élèves des cours élémentaire, moyen et supérieur ; il est inutile pour ceux du cours préparatoire. Dans tous les cas, il ne peut servir que de *memento* et de recueil d'exercices variés. Les recueils de problèmes ne peuvent être utiles qu'aux maîtres.

Les élèves seront exercés simultanément au calcul mental et au calcul écrit.

Les opérations auront toujours lieu sur des nombres concrets. Les problèmes ou exercices d'application seront exclusivement empruntés aux circonstances de la vie réelle, aux faits de l'économie domestique, rurale et industrielle.

Dans les cours moyen et supérieur, les applications du système métrique auront trait à la mesure des surfaces et des volumes.

## Cours préparatoire

L'enseignement du calcul et du système métrique sera toujours intuitif dans le cours préparatoire. Les enfants seront initiés aux premiers exercices, au moyen de choses sensibles ; bûchettes, billes, boullier-compteur, etc. Il leur sera donné, dès le début, toujours par des procédés intuitifs, une idée des quatre opérations. Mais on aura soin, pour éviter toute confusion, de ne passer à une opération que lorsque les enfants auront une idée nette de la précédente. Chaque leçon sera précédée ou suivie d'exercices de calcul mental. L'étude de la table de multiplication commencera dès l'arrivée des enfants à l'école et se continuera dans la mesure des nombres étudiés.

Pour le système métrique, les enfants seront exercés à reconnaître les mesures et à s'en servir.

### Octobre.

*Calcul mental. — Les quatre règles appliquées intuitivement à des nombres de un à dix.*

Partant du nombre *un*, donner aux élèves une idée nette des dix premiers nombres en se servant de boulier-compteur, de bûchettes, de haricots, des dix doigts de la main, en faisant compter des objets sensibles, tables, portes, fenêtres, etc. — Exercices de calcul mental sur ces dix premiers nombres. Combien font 3 + 2 ? 7 — 4 ? — 8 est-il plus grand que 6 ? De combien ? 3 tables de 2 élèves, ou 3 fois 2 font ? Quel est le double de 2, 3, 4, 5, etc. ? La moitié de 4, 6, 8, 10, etc. ?

*Calcul écrit.* — Exercer les élèves à écrire et à distinguer les neuf premiers nombres.

NOVEMBRE.

*Nombres de 1 à 20.*

*Calcul mental.* — Mêmes exercices que ci-dessus sur les vingt premiers nombres.

*Calcul écrit.* — Ecriture et lecture des vingt premiers nombres, petites additions écrites sur des nombres concrets dont le total ne dépasse pas 20.

DÉCEMBRE.

*Nombres de 1 à 50.*

*Calcul mental.* — Mêmes exercices que ci-dessus sur les cinquante premiers nombres.

Faire compter les élèves de 2 en 2, de 2 à 50, de 1 à 50 ; de 3 en 3, de 3 à 50, de 1 à 50, de 2 à 50. — Les élèves comptent simultanément, puis séparément.

*Etude de la table de multiplication par 2.*

*Calcul écrit.* — Ecriture et lecture des cinquante premiers nombres ; petites additions écrites sur des nombres concrets dont le total ne dépasse pas 50.

JANVIER.

*Nombres de 1 à 60.*

*Calcul mental.* — Mêmes exercices que précédemment sur les soixante premiers nombres.

Faire compter les élèves par 2, 3, 4, de 1 à 60, de 2 à 60, de 3 à 60, etc. (Comme ci-dessus).

*Etude de la table de multiplication par 3.*

*Calcul écrit.* — Exercer les élèves à écrire et à distinguer les soixante premiers nombres.

Petites additions sur des nombres concrets dont le total ne dépasse pas 60.

*Système métrique.* — Notion du mètre; faire mesurer par les élèves la longueur de la classe, d'une table, etc.

FÉVRIER.

*Addition,* — définition.

*Nombres de 1 à 80.*

*Calcul mental.* — Mêmes exercices que précédemment sur les quatre-vingts premiers nombres.

Petits exercices et petits problèmes oraux sur l'addition.

Faire compter les élèves par 2, 3, 4, 5, de 1 à 80; de 2 à 80, de 3 à 80, de 4 à 80, etc. (Comme ci-dessus).

*Etude de la table de multiplication par 4.*

*Calcul écrit.* — Ecriture et lecture des quatre-vingts premiers nombres.

Petites additions sur des nombres concrets dont le total ne dépasse pas 80.

*Système métrique.* — *Le mètre* (suite).

MARS.

*Nombres de 1 à 80.*

*Soustraction.* — Définition.

*Calcul mental.* — Mêmes exercices que précédemment sur les quatre-vingts premiers nombres.

Petits exercices et petits problèmes sur la soustraction. Faire compter par 4, 5, 6, 7. (Comme ci-dessus).

*Etude de la table de multiplication par 5.*

*Calcul écrit.* — Ecriture et lecture des nombres de 1 à 80.

Petites soustractions sur des nombres concrets.

*Système métrique.* — *Le litre.* Mettre les mésures entre les mains des enfants; faire mesurer la contenance d'un vase.

### Avril.

*Calcul mental. — Nombres de 1 à 100.*

*Etude de la table de multiplication par 6.*

Exercices sur les quatre opérations comme précédemment.

Petits exercices et petits problèmes oraux sur l'addition et la soustraction (ne dépasser que rarement le nombre 100).

Exercices sur la multiplication par 2 et 3

Faire compter par 7 et 8 comme précédemment.

*Calcul écrit.* — Ecriture et lecture des nombres de 1 à 100.

Petites additions et soustractions sur des nombres concrets.

Petites multiplications par 2 et par 3.

*Système métrique. — Le litre* (suite).

### Mai.

*Calcul mental. — Nombres de 1 à 100.*

*Etude de la table de multiplication par 7.*

Exercices comme précédemment. — Compter par 8, 9 comme précédemment.

*Calcul écrit.* — Ecriture et lecture des nombres de 1 à 100.

Petites additions et soustractions sur des nombres concrets.

Petites multiplication sur des nombres concrets.

*Système métrique. — Le gramme.* — Faire peser.

### Juin.

*Calcul mental. — Nombres de 1 à 100.*

*Etude de la table de multiplication par 8.*

Mêmes exercices que précédemment (ne dépasser que rarement le nombre 100).

Exercices de multiplication par 2, 3, 4, 5, 6, 7. Compter par 8 et 9.

*Calcul écrit.* — Ecriture et lecture des nombres de 1 à 100.

Additions, soustractions, multiplications sur des nombres concrets.

*Système métrique. — Les monnaies.*

JUILLET-AOUT.

Révision générale.

### Cours élémentaire.

OCTOBRE.

Révision de ce qui a été vu au cours préparatoire.

*Nombres de 1 à 100.*

*Calcul mental. — Les quatre règles appliquées intuitivement sur des nombres de 1 à 100.* — Compter de 1 à 100 par unités et dizaines.

Exercices et petits problèmes oraux sur l'addition des nombres entiers et concrets.

*Etude de la table de multiplication par 2 et 3.*

*Calcul écrit.* — Ecriture et lecture des nombres jusqu'à 100.

Exercices et problèmes sur l'*addition.*

*Système métrique — Notion du mètre.* — Multiples et sous-multiples.

NOVEMBRE.

*Nombres de 1 à 500.*

*Calcul mental. — Les quatre règles appliquées intuitivement sur des nombres de 1 à 500.*

Compter de 1 à 500 par unités, dizaines, centaines.

Exercices et petits problèmes oraux sur l'addition et la soustraction de nombres entiers et concrets.

*Etude de la table de multiplication par 4 et 5.*

*Calcul écrit.* — Ecriture et lecture des nombres jusqu'à 500.

Exercices et problèmes sur la soustraction.

*Système métrique.* — *Le mètre* (suite).

DÉCEMBRE.

*Nombres de 1 à 1,000.*

*Calcul mental.* — *Les quatre règles appliquées intuitivement sur les nombres de 1 à 1,000.*

Exercices et petits problèmes oraux sur l'addition et la soustraction.

*Etude de la table de multiplication par 6 et par 7.*

*Calcul écrit.* — Ecriture et lecture des nombres de 1 à 1,000

Exercices et problèmes sur l'addition et la soustraction combinées.

*Système métrique.* — *Notion du litre.*

JANVIER.

*Calcul mental.* — Mêmes exercices.

*Etude de la table de multiplication par 8 et par 9.*

*Calcul écrit.* — Ecriture et lecture des nombres de 1 à 1,000.

Exercices et problèmes sur la multiplication.

*Système métrique.* — *Le litre* (suite).

FÉVRIER.

*Nombres de 1 à 10,000.*

*Calcul mental.* — Mêmes exercices que précédemment.

Petits problèmes oraux.

*Table de multiplication.*

*Etude des produits des 9 premiers nombres par 1, 2, 3, 4, 5, 6.*

*Calcul écrit.* — Lecture et écriture des nombres de 1 à 10,000.

Exercices et problèmes sur la multiplication.
*Système métrique.* — *Mètre et litre* (révision).

MARS.

*Nombres supérieurs à 10,000.*

*Calcul mental.* — Mêmes exercices que précédemment. Petits exercices et problèmes sur les trois premières opérations.

*Table de multiplication par 7, 8 et 9.*

*Calcul écrit.* — Lecture et écriture de nombres entiers quelconques.
Exercices sur la multiplication et problèmes sur les trois premières opérations combinées.

*Système métrique.* — *Le gramme.*

AVRIL.

*Calcul mental.* — Exercices préparatoires à la division. Combien de fois 7 est-il contenu dans 21, 35, 56, etc.

*Calcul écrit.* — Exercices sur la multiplication. Problèmes sur les trois premières opérations combinées.

*Système métrique.* — *Le gramme* (suite).

MAI.

*Calcul mental.* — Exercices et petits problèmes sur les quatre opérations.

*Calcul écrit.* — Exercices sur la division par un seul chiffre. — Problèmes sur les quatre opérations combinées.

*Système métrique.* — *Le franc.*

JUIN.

*Calcul mental.* — Mêmes exercices que le mois précédent (révision).

*Calcul écrit.* Exercices sur la division par deux chiffres, Problèmes sur les quatre opérations.

*Système métrique.* — *Le franc* (suite).

Juillet-Aout.

Révision générale.

## Cours moyen.

Octobre.

*Révision du Cours précédent. — Division des nombres entiers.*

*Calcul mental.* — Les exercices de calcul mental et de système métrique se feront pendant toute l'année. — Les élèves seront exercés à résoudre d'abord oralement tous les genres de questions ou problèmes sur des nombres convenablement choisis.

*Calcul écrit.* — Division des nombres entiers. — Problèmes de récapitulation sur les quatre opérations et sur le système métrique. — Solutions raisonnées.

*Système métrique.* — Révision : mesures de longueurs.

Novembre.

*Calcul écrit. — Division des nombres entiers. — Idée générale des fractions*, au moyen de choses sensibles. — Problèmes de révision.

*Système métrique.* — Etude des mesures de surface.

Décembre.

*Calcul écrit. — Les fractions décimales.* — Application des quatre règles aux nombres décimaux. — Problèmes divers sur les nombres décimaux.

*Système métrique.* — Etude des mesures de surface. — Evaluation de la surface des figures géométriques simples : carré, rectangle, triangle, etc. — Révision du trimestre.

Janvier.

*Calcul écrit. — Fractions ordinaires.* — Réduction au

même dénominateur. — Addition et soustraction des fractions. — Problèmes d'application.

*Système métrique.* — Mesures de volume.

FÉVRIER.

*Calcul écrit.* — Multiplication et division des fractions. — Problèmes d'application.

*Système métrique.* — Mesures de volume et de bois de chauffage.

MARS.

*Calcul écrit.* — Révision sur les fractions ordinaires et les fractions décimales. — Problèmes récapitulatifs.

*Système métrique.* — Révision des mesures de surface et de volume.

AVRIL.

*Calcul écrit.* — *Règle de trois.* — Résolution des problèmes par la méthode de réduction à l'unité.

*Système métrique.* — Mesures de capacité. — Insister beaucoup sur les rapports entre les mesures de capacité et de volume.

MAI.

*Calcul écrit.* — *Règles d'intérêt et d'escompte.* — Faire remarquer que ces deux genres de problèmes ne sont que des applications de la règle de trois.

Problèmes d'application.

*Système métrique.* — *Mesures de poids.* — Exercices d'application.

JUIN.

*Calcul écrit.* — Règle de société, de partage proportionnel, de mélange et d'alliage du 1er degré. (Règle de trois).

Nombres complexes.

*Système métrique.* — *Monnaies.*

JUILLET-AOUT.

Révision générale.

## Cours supérieur.

### Octobre.

Révision du cours moyen.— *Théorie très élémentaire de la numération.* — *Nombres entiers* : Explication raisonnée des deux premières opérations fondamentales sur les nombres entiers.

*Système métrique.* — Révision du cours moyen. — Longueurs et surfaces.

### Novembre.

*Nombres entiers* : Explication de la multiplication et de la division des nombres entiers.

*Système métrique.* — Révision du cours moyen. — Volumes et capacité.

### Décembre.

*Divisibilité des nombres.* — Caractères de divisibilité par 2, 3, 5, 9. — Preuve par 9 de la multiplication et de la division.

*Système métrique.* — Révision du cours moyen. — Poids et mesures.

### Janvier.

*Nombres premiers.* — Recherche du p. g. c. d. de deux nombres. — Décomposition d'un nombre en facteurs premiers. — Recherche du p. p. c. m. et du p. g. c. d. de plusieurs nombres.

*Système métrique.* — *Application à la mesure de volumes et à leur rapport avec les poids.*— Rapport. — Densité. — Poids spécifique d'un corps. — Usage des densités pour trouver le poids d'un corps lorsqu'on connaît son volume, ou pour trouver son volume lorsqu'on connaît son poids.

### Février.

*Fractions ordinaires :* Fractions proprement dites ; expression fractionnaire ; principes sur les fractions ; simplification des fractions ; réduction des fractions au même dénominateur.

*Système métrique.* — Titres dans les monnaies. — Exercices d'application.

### Mars.

Opérations sur les fractions ordinaires : Addition, soustration, multiplication, division.

*Système métrique.* — Volume d'un cube, d'un parallélipipède, d'un prisme et d'un cylindre. — Problèmes d'application.

### Avril.

*Nombres décimaux.* — Explication raisonnée des règles du calcul des nombres décimaux. — Analogie des nombres décimaux avec les fractions ordinaires et avec les nombres entiers. — Conversion des fractions ordinaires en fractions décimales et réciproquement.

*Système métrique.* — Volume du cône et de la pyramide, du tronc de cône et du tronc de pyramide. — Problèmes d'application.

### Mai.

*Calcul écrit. — Méthode de réduction à l'unité appliquée à la résolution des problèmes d'intérêt, d'escompte, de partage, de moyenne.* — Intérêt simple et intérêt composé. — Escompte en dehors et escompte en dedans. — Problèmes d'application.

*Système métrique.* — Cubage d'un massif de maçonnerie, d'un tas de sable ou de gravier, d'un fossé.

### Juin.

*Calcul écrit.* — Rentes sur l'Etat. — Actions et obligations. — Problèmes d'application. — Partages proportionnels et moyenne. — Problèmes d'application.

*Système métrique.* — Surface et volume de la sphère. — Jaugeage d'un vase cylindrique, d'un seau, d'un tonneau. — Cubage d'un tronc d'arbre. — Révision trimestrielle.

JUILLET-AOUT.

Révision générale.

---

## DESSIN ET GÉOMÉTRIE

L'enseignement proprement dit de la géométrie ne peut être donné dans les écoles à un seul maître.

Dans le cours élémentaire, il sera fusionné avec celui du dessin, et dans le cours moyen, avec celui du système métrique.

Dans les écoles à plusieurs classes, il sera dressé un programme qui sera soumis à l'Inspection.

Un cahier spécial pour le dessin, quadrillé au centimètre ou au demi-centimètre, est toléré pour les élèves du cours préparatoire ; ceux des autres cours feront leurs dessins sur le cahier-journal ou sur un cahier spécial de papier blanc.

L'usage des cahier avec modèles préparés, ne permettant pas de faire des leçons collectives et profitables, doit être abandonné.

### Cours préparatoire.

Dans le cours préparatoire, — et dans le cours élémentaire, — l'enseignement du dessin a pour objet d'exercer l'œil et la main de l'enfant, en lui apprenant à distinguer et à tracer les figures géométriques les plus élémentaires. Les élèves exécuteront à vue une série d'objets de plus en plus compliqués de formes, dans lesquels le maître fera reconnaître le caractère des lignes qui les composent : droites, verticales, horizontales, perpendiculaires, obliques, parallèles, angles, circonférences, etc., de manière à remplir le programme ministériel.

Le maître trace d'abord lui-même la figure au tableau noir ; il la nomme, en explique les caractères, et la fait reproduire aux élèves sur l'ardoise, puis sur le cahier.

### Octobre.

Lignes horizontales et verticales ; en montrer dans l'école ; comparer la longueur de ces lignes. Exercices nombreux se bornant à la combinaison d'horizontales et de verticales à traits simples.

Exemples : n°s de 1 à 11.

### Novembre.

Comme le mois précédent. Exercices à traits doubles.

Exemples : n°s de 12 à 21.

### Décembre.

Division des horizontales et des verticales en parties égales. Nombreux exercices avec traits simples.

Exemples : n°s de 22 à 29.

### Janvier.

Comme le mois précédent. Exercices avec traits doubles.

Exemples : n°s de 30 à 35.

### Février.

Lignes obliques. Combinaisons avec les horizontales et les verticales.

Exemples : n°s de 36 à 60.

Recommencer le cours à Pâques, par suite de l'arrivée de nouveaux élèves.

## Cours élémentaire.

### Octobre.

Combinaisons d'horizontales et de verticales. — Division de signes. — Exercices nombreux à traits simples ou doubles.

Exemples : échelle, palissade, clôture, niche, scie, commode.

### Novembre.

Combinaisons d'obliques avec les horizontales et les verticales.
Exemples d'exercices : n°s de 1 à 7.

### Décembre.

Mêmes exercices que dans les deux mois précédents, avec hachures.

### Janvier.

Tracé des angles. — En montrer. — Importance de l'angle droit.
Exemples : n°s de 8 à 14.
Figures géométriques : carré, parallélogramme.
Exemples : n°s 15 et 16.

### Février.

Carrelage.
Exemples : n°s 17 et 18.

### Mars.

Exercices sur la circonférence circonscrite à un carré; division de la circonférence; polygones réguliers ; étoiles (à main levée).

### Avril.

Tracé des courbes; leurs divisions, leurs combinaisons avec les lignes précédentes.
Exemples : n°s de 19 à 24.

### Mai.

Comme le mois précédent, en s'attachant spécialement aux courbes empruntées au règne végétal.

### Juin, Juillet, Aout,

Dessiner à vue des objets très simples et des solides géométriques. (Banc, cube, pyramide).

# DESSIN

(Cours préparatoire).

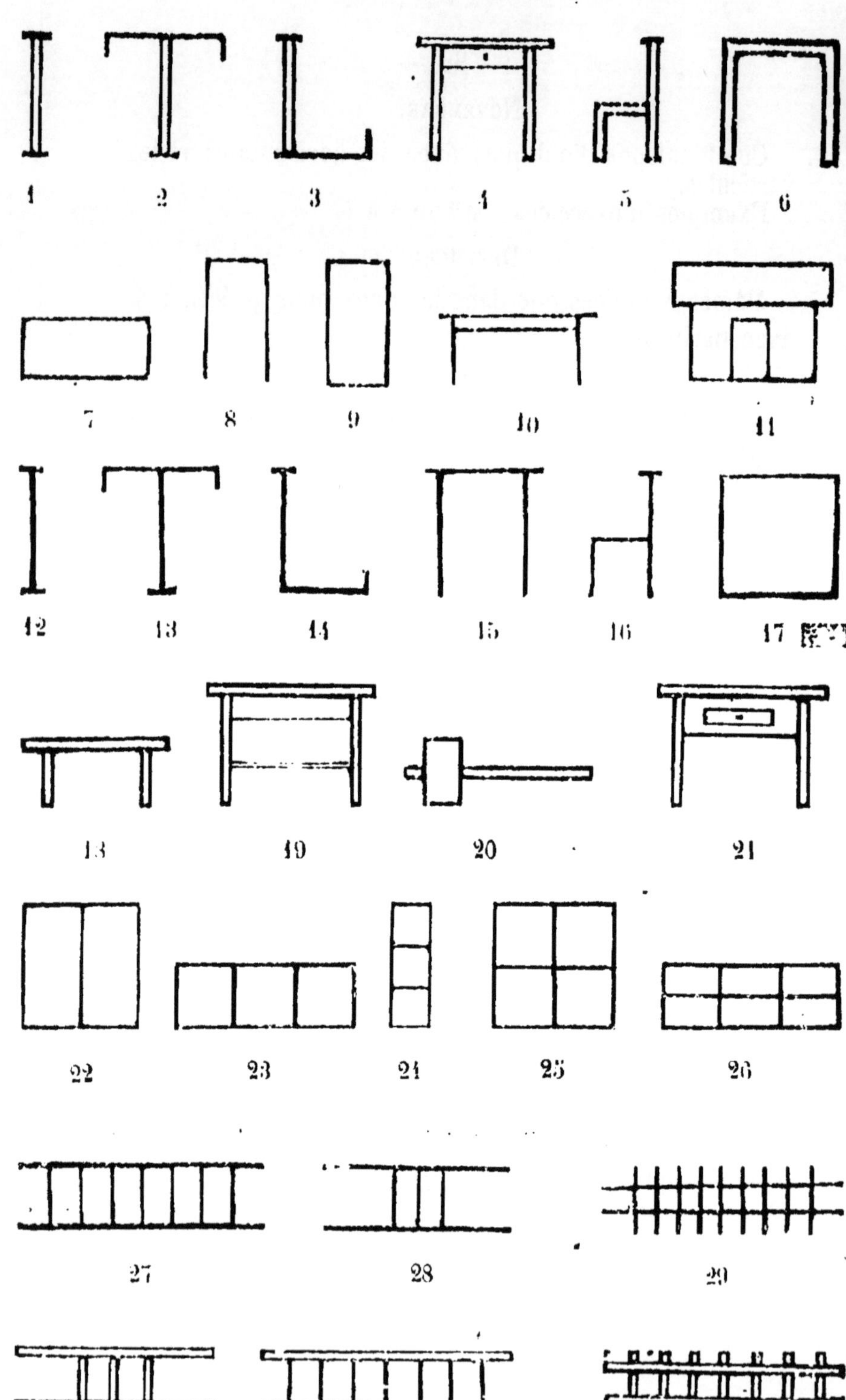

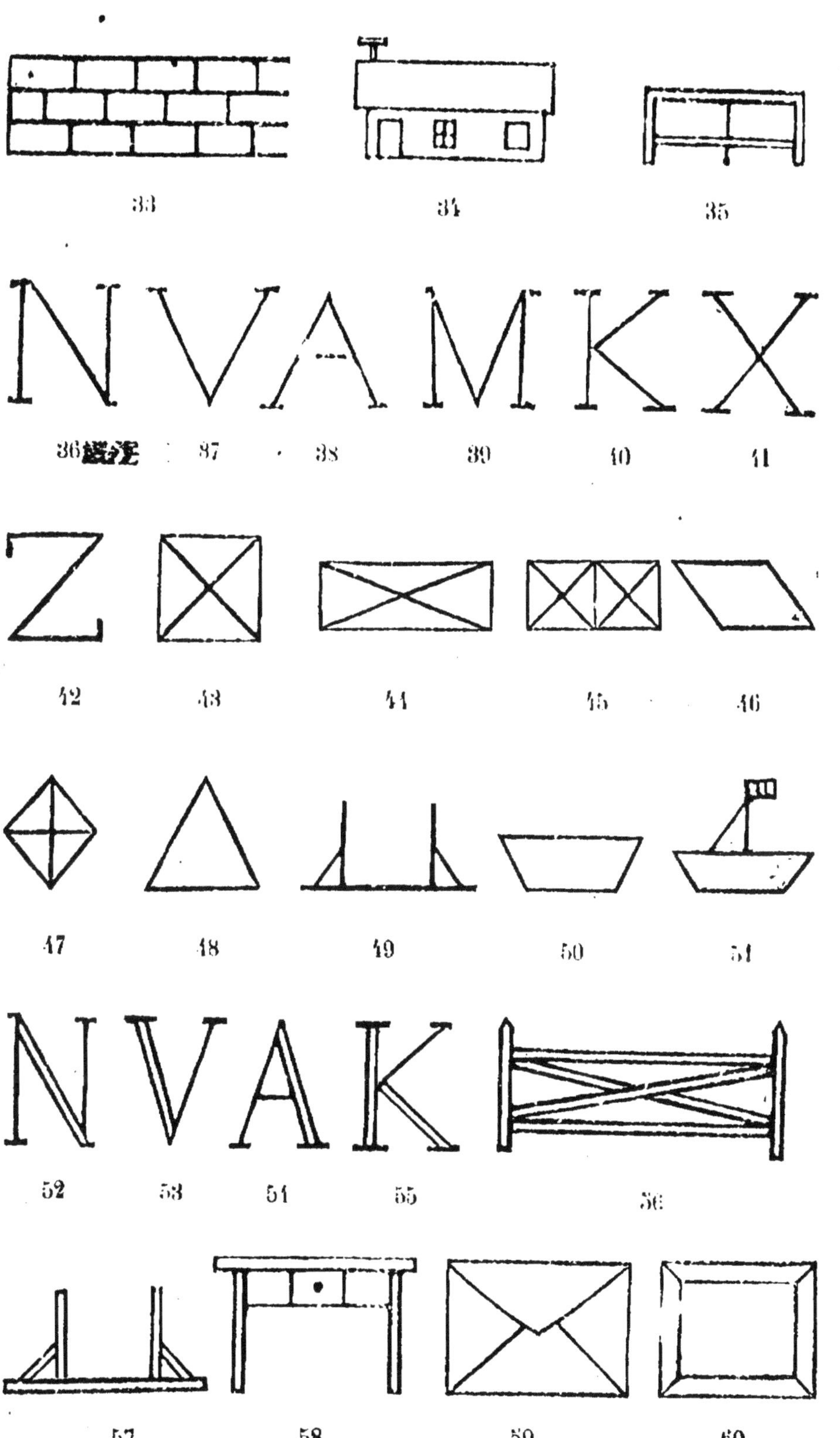
33
34
35
36
37
38
39
40
41
42
43
44
45
46
47
48
49
50
51
52
53
54
55
56
57
58
59
60

## DESSIN

(Cours élémentaire).

1 2 3

4 5 6

7 8 9

10

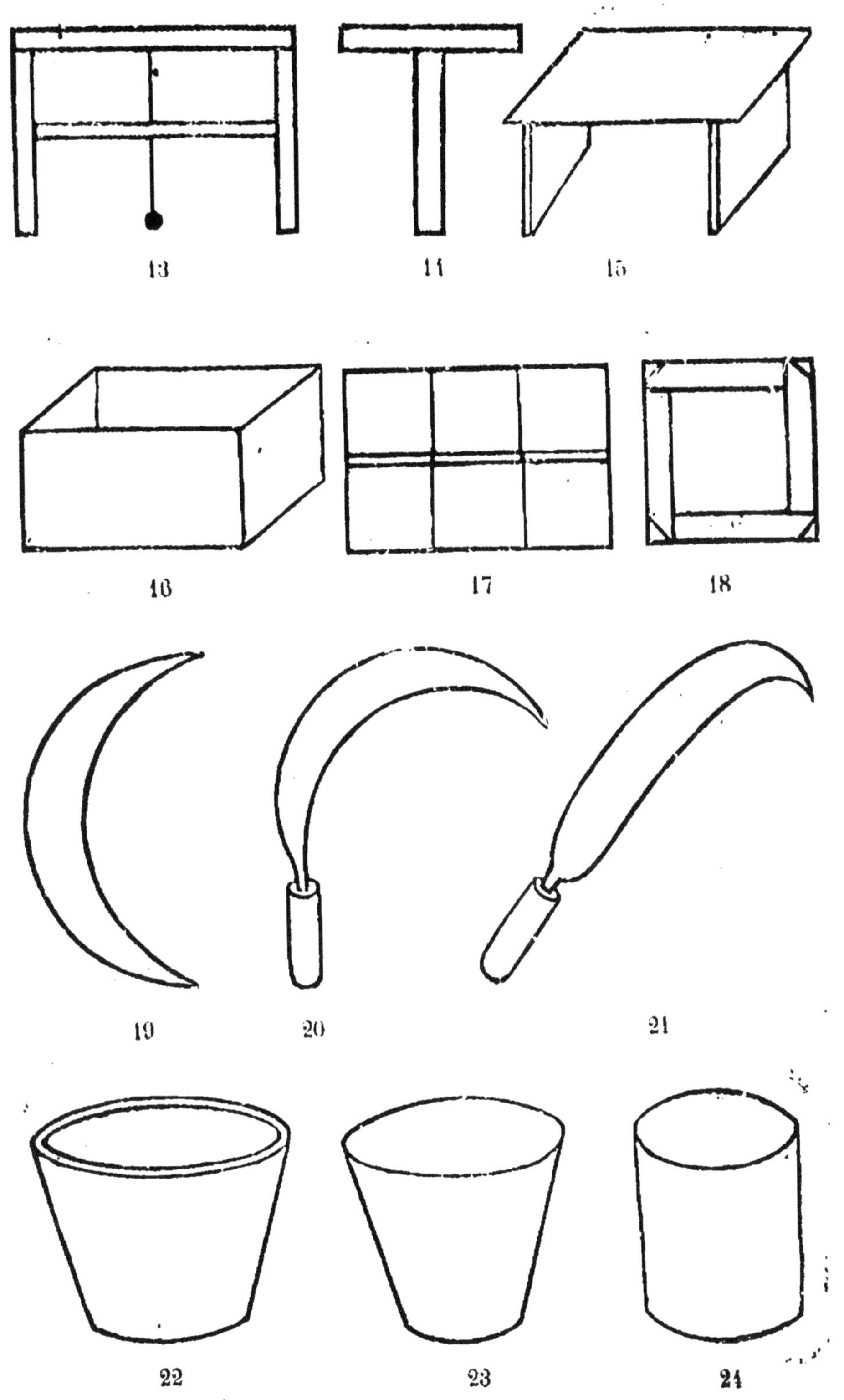
13
14
15
16
17
18
19
20
21
22
23
24

## Cours moyen.

### *Dessin à main levée.*

OCTOBRE.

Révision du cours élémentaire par les exercices suivants : Lignes droites, horizontales, verticales, obliques, et leur division en parties égales; parallèles, perpendiculaires, différentes sortes d'angles et leur division en parties égales.

NOVEMBRE.

Différentes sortes de triangles, carré, rectangle, parallélogramme, losange, trapèze.

DÉCEMBRE.

Ornements simples formés de lignes droites et combinés avec les polygones précédents, carrelages divers, parquets.

JANVIER.

La circonférence et sa division en parties égales, polygones réguliers. Exercices d'application.

FÉVRIER.

Courbes usuelles : ellipses, ovales, oves, spirales. — Courbes empruntées au règne végétal, tiges et feuilles.

MARS.

Rosaces, fleurons, fleurs et fruits.

AVRIL.

Notions de perspective cavalière, ou dessin à vue d'objets très simples, tels que cubes, parallélipipèdes. représentation d'objets combinés avec le cube et le parallélipipède ; tels que tables, bancs, tabourets, palissades, établis de menuisiers, etc.

### Mai.

Suite des exercices précédents : prisme, cylindre, cône et sphère. Exercices d'application à des objets très simples.

### Juin.

Croquis cotés très simples, exécutés sur des objets usuels : tels que tables, bancs, tabourets.

### Juillet-Aout.

Continuation des exercices précédents appliqués à des objets.

## Cours supérieur.

### Octobre.

Tracé géométrique des perpendiculaires et des parallèles. Exercices d'application à des croquis cotés, tels que : tables, bancs, pupitres.

Feuilles, fleurs, fruits, feuille d'acanthe. (D'après l'estampe.)

### Novembre.

Division des droites en 2, 4, 8 parties égales et en un nombre quelconque de parties égales. — Division des angles, — Echelles de réductions.

Palmettes, culots, rinceaux.

### Décembre.

Construction des triangles : Différents cas. — Insister sur le triangle rectangle. — Exercices d'application d'après des croquis cotés.

Oves, rais de cœur, perles, denticules.

### Janvier.

Division de la circonférence. — Polygones réguliers : hexagone, triangle équilatéral, dodécagone, carré, octogone. — Applications à des carrelages. — Fragments d'architecture d'après l'estampe.

### Février.

Pentagone et décagone réguliers. — Polygones étoilés. — Applications à des sujets de décoration. — Chapiteaux divers.

### Mars.

Circonférences et tangentes. — Application à des organes de machines. — Étude spéciale des ombres propres et notions pratiques très élémentaires des ombres portées. — Applications aux sujets suivants : Cube, parallélipipède, prisme régulier hexagonal, pyramide régulière, quadrangulaire.

### Avril.

Raccordements les plus simples des lignes et des arcs entre eux. — Applications à des organes de machines. — Continuation de l'étude des ombres : Cylindre, cône, sphère, écussons et cartouches.

### Mai.

Moulures, filet, baguette, gorge, quart de rond, talon et doucine. — Vase Médicis. — Rosaces. — Trophées divers.

### Juin.

Anse de panier. — Ovale. Ove. — Ellipse. — Applications à des voûtes et à des sujets de décorations. — Dessins de quelques reliefs, tels que palmettes, oves, rais de cœur ; et, si l'école ne possède pas de modèles en relief, on continuera les exercices précédents en les variant.

### Juillet-Aout.

Levé de plans très simples au mètre : Cour de l'école, jardin, plan par terre de la maison d'école, coupe et élévation. — Continuation de l'étude des modèles en relief ou, à défaut, d'autres exercices variés et analogues à ceux des mois précédents.

*Observations.*

*Dessin géométrique.* — Exiger dès le début une grande propreté et veiller avec soin à l'entretien des compas et des tire-lignes. Il est préférable de faire chaque dessin sur une feuille spéciale avec la planchette et le té. Les traits au crayon doivent être à peine perceptibles afin de se servir de la gomme aussi peu que possible. Insister spécialement sur la bonne exécution, et à l'échelle adoptée, des croquis cotés; c'est le meilleur exercice de dessin que nos élèves puissent faire.

*Dessin à main levée.* — Les exercices que comporte ce genre de dessin doivent être esquissés au fusain, puis exécutés au crayon conté; il est bon néanmoins d'en faire quelques-uns à la plume. Il faut habituer les élèves dès les premiers jours à amplifier et à réduire les proportions des modèles. Exiger aussi qu'ils fassent vite.

---

## SCIENCES PHYSIQUES ET NATURELLES.

*(Leçons de choses).*

Dans les écoles à classe unique, les leçons seront communes au cours préparatoire et au cours élémentaire. Toutefois, sur la demande de l'instituteur ou de l'institutrice et sous réserve de l'approbation de l'Inspection primaire, le cours élémentaire pourra être réuni au cours moyen.

Les notions d'agriculture seront réparties dans tout le cours de l'année, en faisant, autant que possible, correspondre cette étude avec les travaux agricoles de chaque saison.

L'enseignement agricole s'appuiera sur les notions scientifiques données aux élèves.

Dans les écoles de filles, l'institutrice insistera sur l'économie domestique, l'élevage des volailles et l'entretien du jardin.

Dans les écoles à un seul maître, les élèves seront partagés en deux groupes pour l'enseignement agricole ; dans les écoles à plusieurs classes, il y aura autant de groupes que de classes.

Dans le premier groupe (cours moyen, et par exception, les élèves âgés du cours élémentaire), l'enseignement sera donné :

*(a)*. — Par des leçons spéciales. (Les leçons seront d'abord expliquées par le maître, surtout à l'aide d'expériences simples qui peuvent être faites à peu près partout ; elles seront étudiées par les élèves et suivies d'un devoir écrit.)

*(b)*. — Par les promenades et les musées agricoles (visite à une ferme, excursion géologique ou botanique, etc.)

Des comptes rendus écrits seront faits par les élèves qui auront pris part à la promenade. Le musée renfermera, notamment, un herbier préparé par les élèves, des échantillons de minéraux et surtout de terres arables, les appareils et les produits nécessaires aux expériences, des modèles en petits ou des dessins d'outils aratoires perfectionnés, et les meilleurs comptes rendus des promenades agricoles.

*(C)*. — Par les exercices et les essais faits au jardin et au champ de démonstration. (Le jardin de l'instituteur doit être un jardin modèle ; chaque commune devra fournir un jardin assez vaste pour qu'on puisse y établir une pépinière d'arbres fruitiers ; c'est au jardin que les élèves apprendront à replanter, à repiquer, à greffer, à arroser, et aussi à cultiver les fleurs. Les essais de culture seront, autant que possible, faits dans des parcelles de terrain que des cultivateurs consentiront à travailler d'après les indications de l'instituteur.)

*(d)*. — Par les lectures et les autres exercices scolaires, tels que dictées, récitation, calcul, rédaction et écriture. (Les lectures, les dictées et les morceaux de récitation

seront choisis avec le plus grand soin ; ils viendront généralement à la suite d'expériences qui permettent aux enfants de comprendre, sans de trop longues explications, le sens des lectures, des dictées, etc.; des problèmes et des rédactions sur l'agriculture seront donnés aux élèves, et les modèles d'écriture renfermeront de temps en temps, des préceptes ou des proverbes agricoles.)

Le deuxième groupe (cours élémentaire et cours préparatoire) apprendra les premières notions d'agriculture au moyen des leçons de choses qui seront toujours suivies d'un résumé oral fait, autant que possible, par les élèves. Ce résumé sera ensuite écrit au tableau noir et copié par les enfants dans le cahier de devoirs.

### Cours préparatoire et élémentaire.

Dans les cours préparatoire et élémentaire, les leçons revêtiront la forme de causeries familières. La chose qui fait l'objet de la leçon (ou à défaut une image ou un dessin qui la représente) sera mise sous les yeux de l'enfant.

Les promenades scolaires fourniront la matière d'un grand nombre d'exercices.

#### Octobre.

*Le labourage.* — Charrue ; semaille.

*La vendange.* — Vigne, raisin, vin, cuve, tonneau, bouteille, verre, bouchon, litre.

#### Novembre.

Pommes, cidre ; houblon, bière.

*L'éclairage.* — Chandelles, bougies, lampe, gaz, phare.

#### Décembre.

*Le chauffage.* — Froid, neige, glace, avalanches ; Suisse, Alpes ; patins, traineaux. — Thermomètre, poêle, cheminée. — Bois, charbon, allumettes. — Engelures, rhume. — Le foyer, la famille.

JANVIER.

*Nouvelle année.* — Mouvement de la terre autour du soleil. Compliments, étrennes; charité. — Oranges; marrons. — *L'habillement.* — Fourrures ; couvertures, édredons, laine, coton, drap, flanelle, tissage, filage, teinture, aiguilles, épingles.

FÉVRIER.

*Le corps humain.* — Principaux organes des sens.

*L'alimentation.* — Mets et boissons. — Boulanger, boucher, fruitier, épicier; faim, appétit, indigestion.

MARS.

*L'habitation.* — Bois, pierre, fer, briques, plâtre, chaux, ardoises, tuiles, chaume, zinc. — Diverses industries du bâtiment.

*Les abeilles.* — Ruches, cellules, cire, miel.

AVRIL.

*La végétation.* — Graines, racines, tige, fleurs, etc.

*Les insectes.* — Hannetons; chenilles ; vers à soie.

*Les nids des oiseaux.* — Services que nous rendent les oiseaux; hirondelles.

MAI.

*L'eau.* — Ruisseau, rivière, fleuve, mer, marée, bains froids, natation.

*La pêche.* — Poissons de mer et poissons d'eau douce.

*Le blanchissage* — Savon, propreté.

JUIN.

*La ferme.* — La fenaison. — Cheval, âne, chien de berger, loup, mouton, porc, dindon, poule, oie, canard, pigeon.

Laiterie, lait, beurre, fromage.

JUILLET.

*L'orage.* — Eclair, tonnerre, grêle, vent, paratonnerre, arc-en-ciel.

*Les fruits.* — Cerises, fraises, abricots, poires, pommes, prunes.

Aout.

*La moisson.* — Blé, orge, avoine, farine, pain, pâte, four, boulanger, pâtissier.

*Les voyages.* — Routes, chemins de fer, bateaux à vapeur; cartes, points cardinaux, boussole, aimant. — Christophe Colomb. — Races d'hommes. — La patrie. — Le monde.

## Cours moyen.

Octobre.

*Sciences physiques.* — Différents états des corps.

*Sciences naturelles* — Squelette humain. — Digestion.

*Agriculture.* — Sol et sous-sol, labours. — Instruments usuels de culture.

Novembre.

*Sciences physiques.* — L'air, sa composition.

*Sciences naturelles.* — Circulation, respiration.

*Agriculture.* — Amélioration des sols. — Amendements, marnage, drainage.

Décembre

*Sciences physiques.* — Pression atmosphérique. — Baromètre.

*Sciences naturelles.* — Le système nerveux. — Les sens.

*Agriculture.* — Animaux domestiques. — Soins à leur donner.

Janvier.

*Sciences physiques.* — Les eaux : eau potable et non potable; eau de mer.

*Sciences naturelles.* — Division des animaux en vertébrés, annelés, mollusques et zoophytes.

*Agriculture.* — Battage et conservation des graines. — Assolements.

### Février.

*Sciences physiques.* — La chaleur ; le thermomètre, ses usages.

*Sciences naturelles.* — Principaux mammifères ; principaux oiseaux.

*Agriculture.* — Des engrais. — Comptabilité agricole.

### Mars.

*Sciences physiques.* — Evaporation de l'eau. — L'eau sous ses trois états. — La pluie, la rosée, la glace, la vapeur.

*Sciences naturelles.* — Les reptiles, les batraciens, les poissons.

*Agriculture.* — Semailles de printemps. — Greffe des arbres fruitiers.

### Avril.

*Sciences physiques.* — Force expansive de l'eau à l'état de vapeur ou de glace en vase hermétiquement fermé. — Machines à vapeur.

*Sciences naturelles.* — Principaux insectes : mollusques ; zoophytes.

*Agriculture.* — Semis et repiquage. — Sarclages et binages. — Horticulture. — Travaux du printemps.

### Mai.

Principales plantes et principaux légumes cultivés dans la région (graminées, légumineuses, solanées, rosacées, ombellifères, crucifères, champignons).

Propriétés et usages.

### Juin.

Prairies naturelles, artificielles. — Fenaison. — Récolte des céréales.

### Juillet-Aout.

Révision générale.

## Cours supérieur.

### Octobre.

*Sciences physiques.* — Différents états des corps. — Pesanteur. — Balances.

*Sciences naturelles.* — Squelette humain. — Digestion. — Absorption.

*Agriculture.* — Sol, sous-sol. — Labours, instruments agricoles ; semailles d'automne.

### Novembre.

*Sciences physiques.* — L'air, sa composition. — Pression atmosphérique.

*Sciences naturelles.* — Circulation, respiration, assimilation.

*Agriculture.* — Amélioration des sols : amendements, marnage, drainage, irrigation, défrichements, défoncements.

### Décembre.

*Sciences physiques.* — Applications de la pression atmosphérique : pompe, siphon, pipette, etc.

*Sciences naturelles.* — Le système nerveux. — Les sens.

*Agriculture.* — Animaux domestiques : principales races ; soins à leur donner.

### Janvier.

*Sciences physiques.* — Les eaux : eau potable, non potable ; eau de mer.

La chaleur ; ses effets sur les corps.

*Sciences naturelles.* — Classification : vertébrés et invertébrés — Mammifères, oiseaux, reptiles, poissons. — Invertébrés : mollusques, annelés, rayonnés, zoophytes.

*Agriculture.* — Battage et conservation des graines. — Machines à battre. — Tarare. — Assolements.

### Février.

*Sciences physiques.* — Le thermomètre ; ses usages La machine à vapeur. — Pluie, rosée, neige, glace, pierre gélive, etc.

*Sciences naturelles.* — Distribution géographique des animaux utiles et des animaux nuisibles à l'agriculture. — Révision du trimestre.

*Agriculture.* — Des engrais naturels, artificiels, liquides. — Stimulants. — Comptabilité agricole.

### Mars.

*Sciences physiques.* — Lumière. — Propagation, réfraction, arc-en-ciel.

*Sciences naturelles.* — Principaux métaux ; propriétés et usages.

*Agriculture.* — Semailles de printemps. — Greffe des arbres fruitiers.

### Avril.

*Sciences physiques.* — Electricité. — Electrisation des nuages. — Foudre. — Paratonnerre ; magnétisme ; aiguille aimantée. — Boussole.

*Sciences naturelles.* — Principaux métaux ; propriétés et usages (suite).

*Agriculture.* — Travaux du printemps : semis et repiquages ; sarclages et binages.

### Mai.

*Sciences physiques.* — Idée des corps simples et des corps composés. — Propriétés et usages des principaux corps.

*Sciences naturelles.* — Plantes. — Différentes parties dont elles se composent. — Principales plantes cultivées dans la région (graminées, légumineuses, ombellifères, etc.)

JUIN.

Principales espèces de plantes (suite). — Prairies naturelles, artificielles. — Fenaison. — Récolte des céréales : faucheuses, faneuses, moissonneuses, etc.

JUILLET-AOUT.

Révision générale.

## CHANT.

*(Répartition trimestrielle.)*

Dans le cours préparatoire et le cours élémentaire, le maître doit se borner à enseigner aux enfants, par audition, de petits morceaux faciles, simples, appropriés à leur âge et associés, autant que possible, à des mouvements physiques.

Ces morceaux seront ensuite chantés de mémoire, aussi correctement que possible, interprétés avec intelligence et avec charme. Le maître veillera à l'émission de la voix et à la respiration ; il habituera les enfants à bien se pénétrer du sens des paroles, à bien articuler et à bien prononcer. Les exercices de solfége, d'intonation et de rythme commenceront dans le cours moyen. Ils alterneront avec des chants d'ensemble.

On choisira, dès le commencement, les enfants dont la voix est la plus juste, la plus agréable. On les fera chanter tantôt par groupes, tantôt seuls, de manière à entraîner ainsi les organisations moins favorisées.

### Cours préparatoire et élémentaire.

Chants de petits airs simples, entraînants, enseignés exclusivement par l'audition. — Indication sur la manière de chanter.

### Cours moyen.

Pendant la durée des leçons, les exercices de solfege alterneront avec des chants d'ensemble, marches et mélodies.

1er Trimestre.

Chants d'ensemble à une ou deux voix. — Lecture des notes au tableau noir.

2e Trimestre.

Continuation des chants d'ensemble. — Solfège. — Ronde, blanche, noire, pauses.

3e Trimestre.

Continuation des chants d'ensemble. — Solfège. — La mesure : la mesure à deux temps et à quatre temps. — Chants en mesure de notes écrites au tableau noir.

4e Trimestre,

Continuation des chants d'ensemble et révision.

### Cours supérieur.

Comme dans le cours moyen, les exercices de solfège alternent avec des chants d'ensemble.

1er Trimestre.

Chants d'ensemble. — Solfège ; lecture rythmique des notes. — Clef. — Ronde, blanche, noire. — Dièses, bémols, bécarres. — Intervalles. — Pauses.

2e Trimestre.

Chants en plusieurs parties. — Solfège : exercices écrits au tableau noir et chantés en battant la mesure ; explications préalables des différents signes.

3e Trimestre.

L'expression en musique. — Accords. — Continuation des chants à plusieurs voix.

4e Trimestre.

Révision et continuation des chants à plusieurs voix.

# EDUCATION MORALE.

## MORALE.

L'instituteur est chargé de l'enseignement moral, en même temps que des autres, comme représentant de la société : la société laïque et démocratique a, en effet, l'intérêt le plus direct à ce que tous ses membres soient initiés de bonne heure et par des leçons ineffaçables au sentiment de leur dignité et à un sentiment non moins profond de leur devoir et de leur responsabilité personnelle.

Pour atteindre ce but, l'instituteur n'a pas à enseigner de toutes pièces une morale théorique suivie d'une morale pratique comme s'il s'adressait à des enfants dépourvus de toute notion préalable du bien et du mal : l'immense majorité lui arrive au contraire ayant déjà reçu ou recevant un enseignement religieux qui les familiarise avec l'idée d'un Dieu, auteur de l'univers et père des hommes, avec les traditions, les croyances, les pratiques d'un culte chrétien ou israélite ; au moyen de ce culte et sous les formes qui lui sont particulières, ils ont déjà reçu les notions fondamentales de la morale éternelle et universelle ; mais ces notions sont encore chez eux à l'état de germe naissant et fragile, elles n'ont pas pénétré profondément en eux-mêmes ; elles sont fugitives et confuses, plutôt entrevues que possédées, confiées à la mémoire bien plus qu'à la conscience à peine exercée encore. Elles attendent d'être mûries et développées par une culture convenable. C'est cette culture que l'instituteur public va leur donner.

Sa mission est donc bien délimitée ; elle consiste à fortifier, à enraciner dans l'âme de ses élèves, pour toute leur vie, en les faisant passer dans la pratique quotidienne, ces notions essentielles de moralité humaine, communes à toutes les doctrines et nécessaires à tous les hommes civilisés. Il peut remplir cette mission sans avoir à faire personnellement ni adhésion, ni opposition à aucune des diverses croyances confessionnelles auxquelles ses élèves associent et mêlent les principes généraux de la morale.

Il prend ces enfants tels qu'ils lui viennent, avec leurs idées et leur langage, avec les croyances qu'ils tiennent de la famille et il n'a d'autre souci que de leur apprendre à en tirer ce qu'elles contiennent de plus précieux au point de vue social, c'est-à-dire les préceptes d'une haute moralité.

L'enseignement moral laïque se distingue donc de l'enseignement religieux sans le contredire. L'instituteur ne se substitue ni au prêtre, ni au père de famille ; il joint ses efforts aux leurs pour faire de chaque enfant un honnête homme.

Dans tous les cours, l'instituteur prend pour point de départ l'existence de la conscience, de la loi morale et de l'obligation. Il fait appel au sentiment et à l'idée du devoir, au sentiment et à l'idée de responsabilité : il nentreprend pas de les démontrer par exposé théorique.

Dans cet ordre d'enseignement, ce qui ne vient pas du cœur ne va pas au cœur. Un maître qui récite des préceptes, qui parle du devoir sans conviction, sans chaleur, fait bien pis que perdre sa peine, il est en faute : un cours de morale régulier, mais froid, banal et sec, n'enseigne pas la morale, parce qu'il ne la fait pas aimer. Le plus simple récit où l'enfant pourra surprendre un accent de gravité, un seul mot sincère, vaut mieux qu'une longue suite de leçons machinales.

L'instituteur profitera donc de toutes les occasions, il utilisera tous les genres de leçon pour apprendre à ses élèves les devoirs qu'ils ont à remplir. Il ne fera pas de leçon de morale proprement dite ; mais, par des récits bien choisis, par des lectures appropriées (une leçon de lecture par semaine au moins portera sur un sujet moral), il cherchera à faire pénétrer dans le cœur des enfants l'horreur du vice et l'amour de la vertu.

Il aura aussi recours à certains exercices pratiques tendant à mettre la morale en action dans la classe même :

1° Par l'observation individuelle des caractères (tenir compte des prédispositions des enfants pour corriger leurs défauts avec douceur ou développer leurs qualités) ;

2° Par l'application intelligente de la discipline scolaire comme moyen d'éducation (distinguer soigneusement le manquement au devoir de la simple infraction au règlement, faire saisir le rapport de la faute à la punition, donner l'exemple dans le gouvernement de la classe d'un scrupuleux esprit d'équité, inspirer l'horreur de la délation, de la dissimulation, de l'hypocrisie ; mettre au-dessus de tout la franchise et la droiture, et pour cela ne jamais décourager le franc-parler des enfants, leurs réclamations, leurs demandes, etc.) ;

3° Par l'appel incessant au sentiment et au jugement moral de l'enfant lui-même (faire souvent les élèves juges de leur propre conduite, leur faire estimer surtout, chez eux et chez les autres, l'effort moral et intellectuel, savoir les laisser dire et les laisser faire, sauf à les amener ensuite à découvrir par eux-mêmes leurs erreurs ou leurs torts) ;

4° Par le redressement des notions grossières (préjugés et supertitions populaires, croyance aux sorciers, aux revenants, à l'influence de certains nombres, terreurs folles, etc.) ;

5° Par l'enseignement à tirer des faits observés par les enfants eux-mêmes : à l'occasion, leur faire sentir les tristes suites des vices dont ils ont parfois l'exemple sous les yeux, de l'ivrognerie, de la paresse, du désordre, de la cruauté, des appétits brutaux, etc.., en leur inspirant autant de compassion pour les victimes du mal que d'horreur pour le mal lui-même ; — procéder de même par voie d'exemples concrets et d'appel à l'expérience immédiate des enfants pour les initier aux émotions morales : les élever, par exemple, au sentiment d'admiration pour l'ordre universel et au sentiment religieux en leur faisant contempler quelques grandes scènes de la nature ; au sentiment de la charité en leur signalant une misère à soulager, en leur donnant l'occasion d'un acte effectif de charité à accomplir avec discrétion, aux sentiments de la reconnaissance et de la sympathie par le récit d'un trait de courage, par la visite à un établissement de bienfaisance, etc.

Les instituteurs n'auront qu'à coordonner les leçons, les lectures, les exercices pratiques, etc., de manière à n'omettre aucun point du programme suivant :

## Cours moyen.

### Octobre.

*L'enfant dans la famille.* — *Devoirs envers les parents et les grands-parents.* — Obéissance, respect, amour, reconnaissance. — Aider les parents dans leurs travaux ; les soulager dans leurs maladies ; venir à leur aide dans leurs vieux jours.

### Novembre.

*Devoirs des frères et sœurs.* — S'aimer les uns les autres. — Protection des plus âgés à l'égard des plus jeunes. — Action de l'exemple. — *Devoirs envers les serviteurs* : les traiter avec politesse, avec bonté.

### Décembre.

*L'enfant dans l'école.* — Assiduité, docilité, travail, convenance. — Devoirs envers l'instituteur. — Devoirs envers les camarades.

### Janvier.

*La patrie.* — La France ; ses grandeurs et ses malheurs. — Devoirs envers la patrie et la société.

### Février.

*Devoirs envers soi-même.* — Le corps ; propreté, sobriété, tempérance. — Dangers de l'ivresse. — Gymnastique.

### Mars.

*Les biens extérieurs.* — Economie : (conseils de Franklin ; éviter les dettes ; funestes effets de la passion du jeu ; ne pas trop aimer l'argent et le gain ; prodigalité ; avarice). *Le travail* ; ne pas perdre le temps ; obligation du travail pour tous les hommes. — Noblesse du travail manuel.

### Avril.

*L'âme.* — Véracité et sincérité. — Ne jamais mentir. — Dignité personnelle ; respect de soi-même. — Modestie. — Ne point s'aveugler sur ses défauts. — Eviter l'orgueil, la coquetterie, la vanité, la frivolité. — Avoir honte de l'ignorance et de la paresse.

### Mai.

Courage dans le péril et dans le malheur. — Patience. — Esprit d'initiative. — Dangers de la colère. — Traiter les animaux avec douceur ; ne point les faire souffrir inutilement. — Loi Grammont. — Société protectrice des animaux.

### Juin.

*Devoirs envers les autres hommes* : justice et charité. (Ne faites pas aux autres ce que vous ne voudriez pas qu'on vous fît. Faites aux autres ce que vous voudriez qu'ils vous fissent.) — Ne porter atteinte ni à la vie, ni à la personne, ni aux biens, ni à la réputation d'autrui. — Bonté ; fraternité ; tolérance ; respect de la croyance d'autrui.

*Devoirs envers Dieu* — L'instituteur n'est pas chargé de faire un cours *ex professo* sur la nature et les attributs de Dieu ; l'enseignement qu'il doit donner à tous se borne à deux points :

D'abord, il leur apprend à ne pas prononcer légèrement le nom de Dieu ; il associe étroitement dans leur esprit à l'idée de la cause première et de l'Etre parfait un sentiment de respect et de vénération.

Ensuite, l'instituteur s'attache à faire comprendre et sentir à l'enfant que le premier hommage qu'il doit à la divinité, c'est l'obéissance aux lois de Dieu, telles que les lui révèlent sa conscience et sa raison.

### Juillet-Aout.

Révision générale.

## Cours supérieur

### Octobre.

*L'enfant dans la famille.* — Devoirs envers les parents et les grands-parents — Obéissance, respect, amour, reconnaissance ; aider les parents dans leurs travaux, les soulager dans leurs maladies, venir à leur aide dans leurs vieux jours.

*Devoirs des frères et des sœurs.* — S'aimer les uns les autres. — Protection des plus âgés à l'égard des plus jeunes. — Action de l'exemple.

### Novembre.

*Devoirs envers les serviteurs.* — Les traiter avec politesse, avec bonté.

*L'enfant dans l'école.* — Assiduité, docilité, travail, convenances.

Devoirs envers l'instituteur. — Devoirs envers les camarades.

### Décembre.

*La société.* — Nécessité et bienfaits de la société. La justice, condition de toute société. — La solidarité, la fraternité humaine.

### Janvier.

Applications et développements de l'idée de justice ; respect de la vie et de la liberté humaines ; respect de la propriété ; respect de la parole donnée.

### Février.

Respect de l'honneur et de la réputation d'autrui. — Respect des opinions et des croyances. — La probité, l'équité, la délicatesse.

MARS.

Applications et développements de l'idée de charité ou de fraternité. — Ses divers degrés. — Devoirs de bienveillance. — Dévouement, forme suprême de la charité ; montrer qu'il peut trouver place dans la vie de tous les jours.

AVRIL.

*La patrie*. — Ce que l'homme doit à la patrie ; l'obéissance aux lois ; le service militaire : discipline, dévouement ; fidélité au drapeau.

MAI.

L'impôt (il est moralement obligatoire). — Le vote. — Il doit être libre, consciencieux, éclairé, désintéressé.

JUIN.

Droits qui correspondent à ces devoirs : liberté individuelle, liberté de conscience, liberté de travail, liberté d'association. — Garantie de la sécurité, de la vie et des biens de tous. — La souveraineté nationale. — Explication de la devise républicaine : liberté, égalité, fraternité.

JUILLET-AOUT.

Révision générale.

# TABLEAUX DE L'EMPLOI DU TEMPS.

*Résolutions générales.*

L'emploi du temps est le complément indispensable de toute organisation pédagogique rationnelle. Il est aussi nécessaire que les programmes.

L'article 27 du décret du 18 janvier 1887, interprétant l'article 1er de la loi du 28 mars 1882, détermine les matières que l'enseignement primaire élémentaire doit embrasser dans toutes les écoles. Mais ces matières ne sont pas toutes utiles au même degré : la lecture, l'écriture, la langue française, l'arithmétique, l'histoire et la géographie resteront toujours en première ligne ; le chant, la gymnastique, le dessin, les sciences physiques et naturelles, malgré leur utilité, n'ont qu'une importance secondaire.

Les différentes branches de l'enseignement ne sauraient donc avoir une part égale du temps et des forces du maître. Un bon règlement horaire doit donner à chacune d'elles le temps qui lui revient en raison de son importance ou de sa difficulté.

D'autre part, l'ordre dans lequel les exercices se succéderont n'est pas indifférent. Ils doivent être combinés de manière que celui qui suit repose de celui qui précède; les exercices qui exigent une grande somme d'efforts doivent être placés de préférence le matin ou au commencement des classes, lorsque les jeunes esprits ne sont pas encore fatigués ou ont pris un peu de repos.

Pour obtenir plus d'exactitude de l'enfant, pour lui donner le temps d'oublier ses jeux et de retrouver le calme qui est nécessaire à l'étude, il convient de commencer la classe par un travail attrayant et peu fatigant.

Une autre condition très importante au point de vue disciplinaire et qu'un bon emploi du temps doit remplir, c'est qu'il soit rédigé de telle sorte que les *trois* cours soient constamment et utilement occupés en employant le moins de moniteurs possible. Les élèves du cours préparatoire ne doivent jamais travailler seuls. Mieux vaut qu'ils fassent peu sous la conduite d'un aide que de rester abandonnés à eux-mêmes. Ils doivent recevoir, comme les divisions supérieures, leur part des soins directs de l'instituteur.

La durée des leçons doit être proportionnée aux forces physiques et intellectuelles des élèves; elle ne saurait dépasser 20 à 30 minutes dans le cours préparatoire, 30 minutes dans le cours élémentaire, 40 minutes dans le cours moyen,

Enfin, pour donner satisfaction au besoin de mouvement qui se fait sentir chez les enfants, chaque classe sera coupée par une récréation de 15 minutes.

Tels sont les principes généraux d'après lesquels les emplois du temps ci-dessus ont été établis.

Les maîtres ne perdront pas de vue que les leçons proprement dites doivent toujours être faites par eux, et que les moniteurs ne peuvent être employés que pour la partie matérielle de l'enseignement ; ainsi, ils dicteront un problème, un devoir de français, ils feront réciter une leçon déjà exposée par le maître, ils surveilleront un exercice de dessin, d'écriture, de lecture, etc. Il ne faut pas non plus oublier que les moniteurs ne doivent jamais avoir à diriger que les élèves d'un cours inférieur au leur. Il n'y aura donc pas de moniteur pour le cours supérieur; il n'y en aura pas non plus dans le cours moyen lorsque le cours supérieur fera défaut ; et dans la grande majorité des cas, on n'emploiera les moniteurs que pour le cours préparatoire et le cours élémentaire Il est bien entendu que les élèves utilisés comme aides recevront des soins particuliers en dehors des heures de classe.

Les emplois du temps ci-dessus sont destinés aux écoles à classe unique : les instituteurs et les institutrices chargés d'écoles à plusieurs classes prépareront eux-mêmes l'emploi du temps qui peut le mieux convenir à chacune des classes de leur école. Bien entendu, cet emploi du temps, *dressé sous le contrôle de l'Inspection*, devra se rapprocher le plus possible de l'emploi du temps modèle, dont il ne sera que le développement

## *Observations générales.*

1° L'emploi du temps sera affiché dans chaque classe ;

2° Les élèves se mettront en rang dix minutes avant l'heure de l'entrée ;

3° Tous les mouvements doivent se faire en chantant :

4° L'instituteur consacrera au cours préparatoire tout le temps réservé aux compositions écrites des autres cours ;

5° En ce qui concerne les élèves du cours préparatoire, l'instituteur aura soin de couper les leçons par des exercices sur place, des mouvements cadencés, des évolutions dans la classe, toutes les fois que la fatigue se fera sentir ;

6° La récréation qui coupe la classe du matin et celle du soir ne sera jamais employée à des exercices gymnastiques, qui doivent avoir lieu pendant la classe, aux heures indiquées à l'emploi du temps.

Présenté à l'examen du Conseil départemental de l'enseignement primaire.

Annecy, le 17 juillet 1890.

*L'Inspecteur d'Académie,*
Signé : RIDOUX.

Le Conseil départemental donne un avis favorable à l'application des programmes d'enseignement et des emplois du temps ci-dessus dans les écoles primaires publiques du département. à partir de la rentrée d'octobre 1890.

En séance à Annecy, le 17 juillet 1890.

*Le Préfet de la Haute-Savoie, Président,*
Signé : DUMOULIN.

---



---

Annecy. — Imprimerie J. Dépollier et Cie.

www.ingramcontent.com/pod-product-compliance
Ingram Content Group UK Ltd.
Pitfield, Milton Keynes, MK11 3LW, UK
UKHW020157200726
13856UKWH00003B/1043